EL CLIMA
EN 30 SEGUNDOS

BLUME

TÍTULO ORIGINAL *Weather in 30 seconds*

EDICIÓN Hazel Songhurst, Cath Senker, Susie Behar, Lucy Menzies

DIRECCIÓN CREATIVA Y ARTÍSTICA Michael Whitehead, Kim Hankinson

DIRECCIÓN EDITORIAL Tom Kitch

DISEÑO Hanri Shaw, Emily Hurlock

ILUSTRACIONES Tom Woolley

TRADUCCIÓN Antøn Antøn

REVISIÓN CIENTÍFICA Y TÉCNICA DE LA EDICIÓN EN LENGUA ESPAÑOLA
Jeroni Lorente Castelló
Departamento de Astronomía y Meteorología,
Facultad de Física. Universidad de Barcelona

COORDINACIÓN DE LA EDICIÓN EN LENGUA ESPAÑOLA
Cristina Rodríguez Fischer

Primera edición en lengua española 2016

© 2016 Art Blume, S.L.
Carree de les Alberes, 52, 2 08017 Vallvidrera, Barcelona
Tel. 93 205 40 00 Fax 93 205 14 41
e-mail: info@blume.net
© 2015 The Ivy Press Ltd, Lewes, East Sussex

I.S.B.N.: 978-84-9801-901-8

Impreso en China

WWW.BLUME.NET

EL CLIMA
EN 30 SEGUNDOS

Jen Green

BLUME

Asesoramiento científico: profesor Adam Scaife

Contenido

Acerca de este libro
... en 60 segundos

Antes de empezar a leer este libro, comprueba el tiempo que hace fuera. ¿El aire es cálido, hace un calor sofocante o ha helado? ¿Está el día en calma o corre una ligera brisa? Puede que esté soleado o nuboso; tal vez llueva, esté nevando o cayendo aguanieve. Todas estas circunstancias son las que conforman el tiempo, que es el estado de la atmósfera en un lugar y un momento concretos.

En algunas partes del mundo, el tiempo permanece estable durante días, e incluso semanas. Sin embargo, existen muchos lugares en los que cambia constantemente y en los que las nubes de tormenta cubren los cielos azules o en los que el sol se asoma tras las lluvias. Cualquier cambio de tiempo nos provoca incertidumbre; incluso el clima, que es el tiempo general de una región registrado a lo largo de muchos años, está cambiando poco a poco.

El tiempo nos afecta a todos y cada uno de nosotros todos los días. Tiene efectos en el lugar en el que vivamos, en la forma en la que viajemos, en la ropa que nos pongamos y en las actividades que llevemos a cabo. Además, dependemos del tiempo para el cultivo de nuestros alimentos. En este libro analizaremos los diversos aspectos que tienen el tiempo y el clima.

Explicaremos las increíbles fuerzas responsables de los fenómenos atmosféricos y describiremos los distintos tiempos que nos afectan en los diferentes lugares del planeta.

Desde el granizo hasta los huracanes, el tiempo cada vez se está volviendo más violento. Según los científicos, se debe a que el clima está cambiando a gran velocidad. Abordaremos los motivos de este cambio y las implicaciones que pueda tener en el futuro.

En este libro se analizan 30 temas relacionados con el tiempo, que se distribuyen en seis capítulos. Para cada tema hay una página en la que se explican los conceptos fundamentales en 30 segundos. Y, por si fuera demasiado larga, hay un resumen de 3 segundos en el que se dan los puntos clave. En las misiones de 3 minutos que hay a lo largo de todo el libro se estudian conceptos científicos relacionados con el tiempo. Gracias a este libro podrás experimentar toda la fuerza de los elementos, así que será mejor que te pongas sombrero, algo que abrigue y botas de agua y te prepares para un vertiginoso viaje por el salvaje y maravilloso tiempo del mundo.

8

El tiempo del mundo

Puede que te sorprenda saber que el tiempo de la Tierra tiene su origen en el aire en movimiento provocado por la energía del Sol. Este proceso, aunque parezca sencillo, da lugar a increíbles fenómenos atmosféricos, como los vendavales, las tormentas y los tornados. La energía que libera la atmósfera es tan poderosa que a veces se puede emplear para accionar máquinas. En este capítulo explicaremos las fuentes de energía y las fuerzas que interactúan para producir el clima a partir del Sol, la atmósfera y los océanos.

El tiempo del mundo
Glosario

Antártida Región del mundo que se encuentra alrededor del polo Sur.

Ártico Región del mundo que se encuentra alrededor del polo Norte.

atmósfera Mezcla de gases que envuelve a la Tierra.

combustible fósil Aquel que, como el carbón o el petróleo, se ha formado a lo largo de millones de años a partir de restos de animales o plantas.

continente Cada una de las grandes masas de tierra del planeta, como Europa, Asia o África.

corriente Movimiento de aire o de agua con una dirección concreta.

ecuador Línea horizontal imaginaria que recorre la Tierra por la mitad.

eje Línea imaginaria que atraviesa el centro de la Tierra y sobre la que gira el planeta.

energía hidroeléctrica Aquella que se obtiene gracias a la fuerza del agua.

energía renovable Tipo de energía que se sustituye de forma natural y que, por tanto, se puede usar sin que exista riesgo de que se agote por completo.

energía solar Aquella que procede de la transformación de los rayos solares en electricidad que puede usar el ser humano.

giro Gran sistema de corrientes oceánicas circulantes formado por la circulación general de viento y por fuerzas debidas a la rotación de la Tierra.

gravedad Fuerza que atrae a los objetos entre sí y que, en la Tierra, los empuja hacia el centro del planeta, lo que hace que las cosas lleguen al suelo al caer.

huracán Temporal violento de vientos y lluvias. Se llama también ciclón tropical.

irradiar Emitir energías tales como el calor o la luz.

marea Subida y bajada regulares del nivel del mar provocadas por la atracción de la Luna y por la rotación de la Tierra.

panel solar Parte de un equipamiento que sirve para captar la luz solar y producir agua caliente y electricidad.

polución Efecto que produce la acumulación de sustancias sucias o perniciosas en la tierra, el agua o el aire, y que hace que estos ya no sean seguros o agradables.

presión Fuerza que actúa sobre una superficie en concreto.

presión atmosférica Peso que la atmósfera ejerce hacia abajo.

reacción nuclear Proceso mediante el cual los núcleos (que son el centro de los átomos) liberan enormes cantidades de energía.

templado Se dice de un clima de temperaturas suaves, que nunca son demasiado frías ni cálidas.

tropical Se dice de aquello que procede o que se encuentra en los trópicos o que es típico de ellos.

trópicos Zonas de la Tierra que están justo a ambos lados (norte y sur) del ecuador. Su clima es cálido y húmedo durante todo el año.

troposfera Capa inferior de la atmósfera terrestre en la que se producen los fenómenos meteorológicos. Su límite superior se encuentra entre 8 y 16 km de la superficie.

turbina Máquina o motor que se acciona gracias a una rueda que gira a causa de la presión del agua, del aire o de un gas.

vapor de agua Agua en forma gaseosa.

El Sol

... en 30 segundos

El Sol, la estrella más cercana a la Tierra, es una gigantesca bola de gases en combustión. En lo profundo de su núcleo se producen reacciones nucleares constantes que liberan unas ingentes cantidades de energía, las cuales hacen que la luz y el calor se irradien en todas direcciones. Esta es la principal fuente de energía de los fenómenos atmosféricos de la Tierra.

¡El Sol es tan grande que dentro de él cabría más de un millón de planetas como la Tierra! Su gigantesca masa hace que la Tierra y otros planetas giren a su alrededor. La Tierra está a unos 150 millones de kilómetros del Sol: la distancia justa para que las temperaturas sean agradables y pueda prosperar la vida.

Como la Tierra es redonda, el Sol no calienta igual la superficie de esta por todas partes. El ecuador recibe los rayos más intensos. Esto hace que el clima de la zona sea cálido y soleado durante todo el año. En aquellas zonas de la Tierra que se curvan hacia los polos, los rayos solares inciden con mayor inclinación y la superficie terrestre se calienta menos.

Estas diferencias hacen que existan tres zonas térmicas en la Tierra: las calurosas regiones tropicales, las gélidas regiones polares y las regiones templadas, entre las dos anteriores.

Resumen en 3 segundos

El Sol proporciona la energía que provoca los fenómenos atmosféricos.

Misión de 3 minutos
Comprobación del poder calorífico del Sol

Necesitarás: • 2 trozos de cartón • libros en los que apoyar el cartón • cinta adhesiva • 2 termómetros

Pega cada uno de los termómetros a uno de los trozos de cartón con la cinta. Coloca los cartones en un lugar en el que reciban la luz solar directa durante 30 minutos. Inclina uno para que el termómetro apunte al Sol. Pon el otro en una superficie plana donde la luz sea indirecta. Anota las temperaturas cada 2 minutos hasta que dejen de aumentar. La temperatura del cartón inclinado hacia el Sol será superior, ya que la luz solar habrá incidido directamente, como los rayos cerca del ecuador.

La luz solar calienta más la Tierra por el ecuador y menos por los polos.

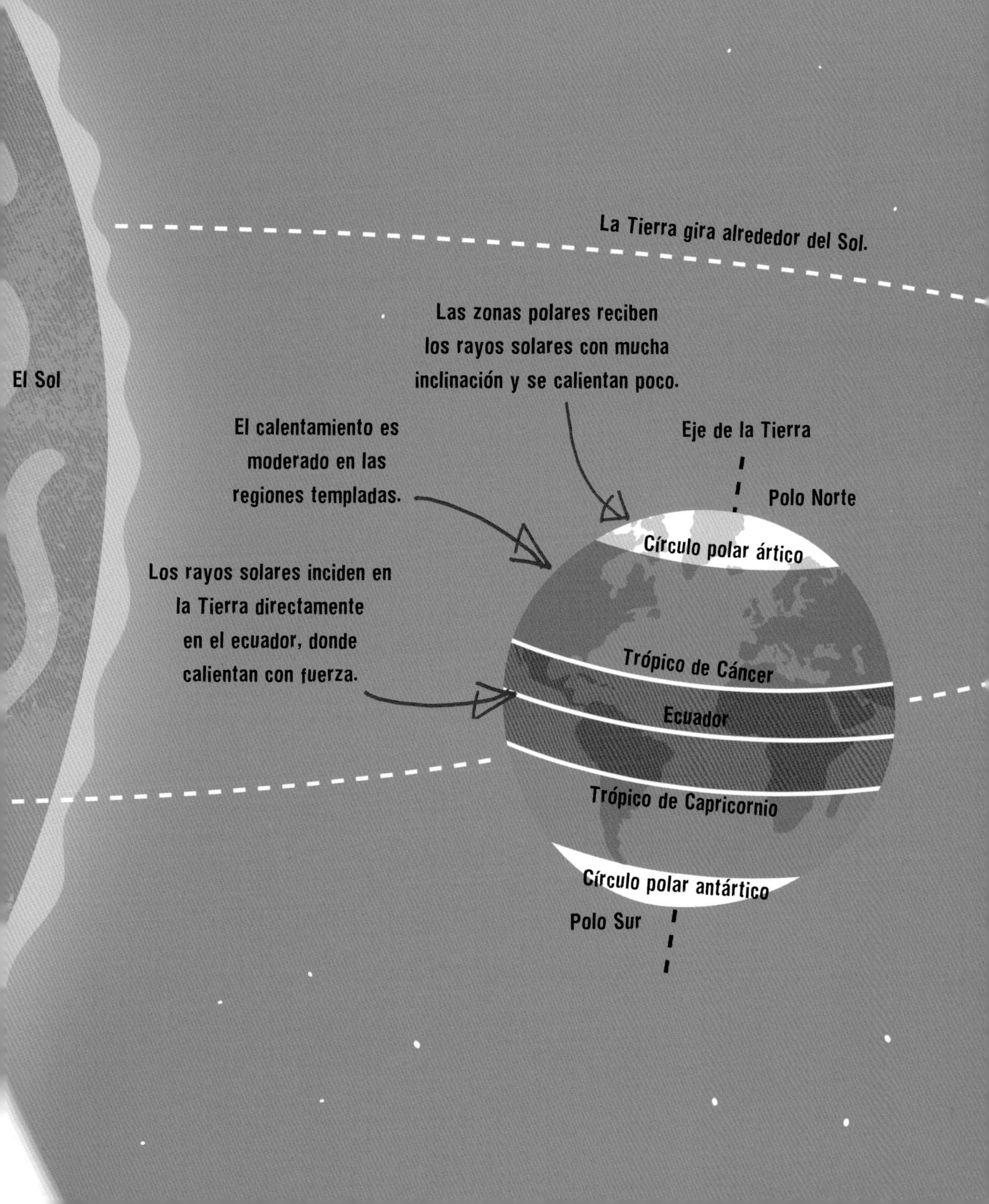

La Tierra gira alrededor del Sol.

El Sol

Las zonas polares reciben los rayos solares con mucha inclinación y se calientan poco.

El calentamiento es moderado en las regiones templadas.

Eje de la Tierra

Polo Norte

Los rayos solares inciden en la Tierra directamente en el ecuador, donde calientan con fuerza.

Círculo polar ártico

Trópico de Cáncer

Ecuador

Trópico de Capricornio

Círculo polar antártico

Polo Sur

La atmósfera

... en 30 segundos

Alrededor de nuestro planeta hay una capa de gases llamada «atmósfera». Esta delgada capa reparte el calor solar, produciendo unas condiciones climáticas cómodas. Sin la atmósfera no existirían los fenómenos meteorológicos, por lo que la superficie terrestre sería como la de la Luna.

La atmósfera se compone, sobre todo, de dos gases. En torno a cuatro quintas partes son nitrógeno, y casi el resto es oxígeno. También hay vestigios de otros gases, como dióxido de carbono, argón y vapor de agua.

La atmósfera terrestre se extiende hasta unos 10 000 km en el espacio, aunque el 99,9 % se encuentra por debajo de los 50 km de altitud y se compone de cinco capas principales: la capa inferior, la troposfera, contiene más del 75 % del aire y el 99 % del vapor de agua. Aquí también se producen los fenómenos atmosféricos, aunque sus turbulentos vientos hacen que los aviones tengan vuelos muy movidos, de ahí que vuelen por encima de las nubes y de otros fenómenos intensos.

El peso del aire produce una fuerza que se conoce como «presión atmosférica». Es superior a nivel del mar, ya que es allí donde se deja sentir todo el peso del aire que hay arriba. A mayores altitudes, el aire tiene menos densidad, por lo que se inhala menos oxígeno cada vez que se respira. Ese es el motivo por el que los alpinistas usan bombonas de oxígeno.

Resumen en 3 segundos

La atmósfera es una fina capa de gases que rodea a la Tierra.

Misión de 3 minutos
Comprobación de la presión atmosférica

Necesitarás: • un vaso de plástico con un tercio de agua • cartón

Tapa el vaso con el cartón. Llévalo a un fregadero y dale la vuelta sin dejar de apretar con fuerza el cartón. Al retirar la mano, podrás ver que el agua permanece en el vaso aunque le hayas dado la vuelta. La presión atmosférica, al ser superior alrededor del vaso, impide que el agua se vierta.

La atmósfera terrestre se compone de cinco finas capas.

Los aviones de pasajeros vuelan por encima de las nubes y de fenómenos atmosféricos adversos.

Exosfera

Termosfera

Mesosfera

Estratosfera

Troposfera

Las brillantes luces de la aurora resplandecen en la termosfera.

Los meteoritos espaciales arden en la mesosfera.

Los globos meteorológicos envian datos sobre el tiempo.

Los satélites giran alrededor de la Tierra por la exosfera.

Los fenómenos atmosféricos se producen en la troposfera.

Un cohete espacial saliendo de la atmósfera terrestre.

Los mares y los océanos

... en 30 segundos

Vivimos en un planeta con mucha agua: más de dos tercios de la superficie terrestre están cubiertos por los mares y los océanos. Así, resulta comprensible que las aguas ejerzan un gran efecto en el clima. Estas acumulan la energía solar y ayudan a propagarla por todo el globo.

El Sol no calienta los océanos de forma homogénea. Las aguas tropicales, cercanas al ecuador, resultan cálidas, mientras que los mares polares son fríos y, en su mayor parte, están cubiertos de hielo. Sin embargo, las aguas oceánicas están en constante movimiento a causa de las olas, las mareas y las corrientes, lo que ayuda a que se propague el calor solar.

Las corrientes fluyen a lo largo del mundo en forma de enormes círculos llamados «giros». Las cálidas corrientes de los trópicos se dirigen hacia los polos, calentando zonas que encuentran a su paso. Las frías corrientes polares fluyen hacia el ecuador, enfriando las áreas por las que pasan.

Los océanos tardan más en calentarse que la tierra al absorber los rayos solares. También liberan el calor más despacio. Así, los océanos son más frescos que la tierra en verano y más cálidos en invierno. De ahí que en el interior de los continentes haga más calor en verano y más frío en invierno que en la zona litoral.

Resumen en 3 segundos

Los océanos ayudan a propagar el calor solar por todo el globo.

Misión de 3 minutos El Sol, la tierra y el mar

Necesitarás: • 2 termómetros • un frasco con tierra • un frasco con agua

1 Llena un frasco con tierra y el otro con agua. Introduce un termómetro en cada frasco.

2 Pon ambos frascos al sol durante una hora y, después, anota las temperaturas.

3 Introduce los frascos en el frigorífico durante una hora y vuelve a anotar las temperaturas. Comprobarás que la tierra se calienta y también pierde calor más rápido que el agua.

Las corrientes de agua cálidas y frías fluyen
alrededor de todo el planeta y ejercen
su efecto en el clima.

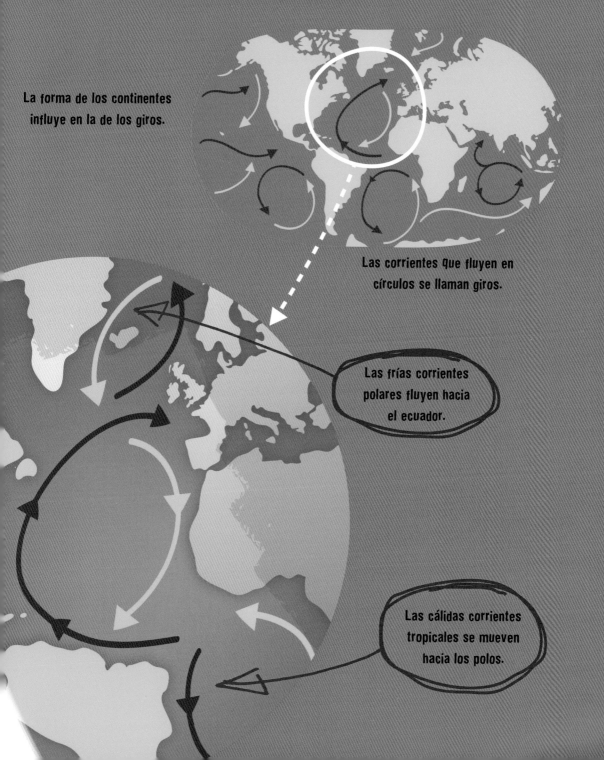

La forma de los continentes
influye en la de los giros.

Las corrientes que fluyen en
círculos se llaman giros.

Las frías corrientes
polares fluyen hacia
el ecuador.

Las cálidas corrientes
tropicales se mueven
hacia los polos.

Los vientos

... en 30 segundos

El viento es aire en movimiento. Tanto si se trata de una suave brisa como de un viento huracanado, todos los vientos tienen la misma causa: las diferencias de presión atmosférica.

Cuando la luz solar incide sobre los mares o la tierra, la energía se absorbe y calienta el aire que tenga encima. El aire caliente tiene una densidad menor que del aire frío, por lo que asciende. Esto da lugar a una zona de bajas presiones. El aire más frío se mueve hacia el lugar donde ha ascendido el aire, lo que hace que se produzca el viento. El aire siempre intenta desplazarse desde las zonas de altas presiones a las de bajas presiones. Es como si dejásemos salir el aire de un globo.

Aunque el viento no se puede ver, sí que podemos medirlo de dos formas: por su fuerza (la velocidad del viento) y por su dirección. Los vientos se clasifican según la dirección desde la que soplen, por lo que una brisa del norte soplará desde el norte hacia el sur.

En muchos lugares, el viento suele soplar desde una dirección: es lo que llamamos «viento dominante». El aire caliente se eleva cerca del ecuador y fluye hacia los trópicos, donde se enfría, tras lo que desciende y regresa al ecuador. Con todo, la mayoría de los vientos no fluyen directamente de norte a sur, ya que también se desvían a causa de la rotación terrestre. Esta curvatura recibe el nombre de «efecto Coriolis».

Resumen en 3 segundos

Los vientos son corrientes de aire en movimiento que se pueden medir por su fuerza y su dirección.

La escala Beaufort

A comienzos del siglo XIX, un oficial naval británico llamado Francis Beaufort inventó una escala con la que medir el viento. Esta cuenta con 12 puntos: el 0 representa la calma chicha y el 12 se corresponde con un violento huracán. La escala resultó tan útil que aún se sigue empleando en la actualidad.

La escala Beaufort sirve para medir la fuerza de los vientos. Va desde la calma chicha, que es 0, hasta el huracán, representado con el 12.

Calma

elocidad del viento: inferior a 1 km/h   Mar plana como un espejo

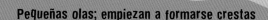

Brisa ligera

elocidad del viento: 12-19 km/h   Pequeñas olas; empiezan a formarse crestas

Brisa fresca

elocidad del viento: 29-38 km/h   Olas medianas; los árboles más pequeños se mueven

Viento fuerte

elocidad del viento: 50-61 km/h   Mar gruesa; se mueven todos los árboles

10 Temporal

elocidad del viento: 89-102 km/h   Olas muy gruesas; los árboles se arrancan

12 Huracán

Velocidad del viento:
118 km/h o superior   Violencia y destrucción

Energía de los fenómenos atmosféricos

... en 30 segundos

La energía que liberan los fenómenos atmosféricos se puede emplear para iluminar, calentar, cocinar o accionar máquinas. El ser humano lleva siglos usando la fuerza del viento y del agua en movimiento.

En el pasado, los molinos emplaban el poder del viento para moler el grano. Las corrientes de aguas fluviales movidas por las lluvias accionaban las ruedas de agua. Hoy en día pueden verse las turbinas eólicas girando al viento para producir electricidad. En las centrales hidroeléctricas se emplean las corrientes de agua. También hemos aprendido a extraer la energía de las olas y las mareas.

Asimismo, podemos emplear la energía solar directamente. Las plantas de energía solar sirven para transformar la luz solar en electricidad. De hecho, podemos tener nuestros propios paneles solares en los tejados. ¿Sabías que hay algunos dispositivos, como linternas, calculadoras y teléfonos móviles, que pueden funcionar con energía solar?

Durante siglos, el ser humano ha dependido, sobre todo, de los combustibles fósiles, como el carbón, el petróleo y el gas, como fuentes de energía. Sin embargo, generan polución, y tarde o temprano se agotarán. Mientras siga brillando el Sol, soplando el viento y fluyendo los ríos, se podrá obtener energía solar, eólica e hidroeléctrica. Además, estas fuentes de energía renovables son «limpias».

Resumen en 3 segundos

Podemos obtener energía gracias al viento, a las corrientes de agua y al sol.

Misión de 3 minutos
Comparación de las velocidades del viento

Necesitarás: • un molinete • un rotulador • un cronómetro

Haz una marca en una de las aspas. Un día que haga un viento ligero, sostén el molinete para que le dé el aire. Usa el cronómetro para contabilizar cuántas veces por minuto pasa el aspa que tenga la marca por la varilla del molinete. Haz lo mismo otro día en el que creas que el viento esté soplando más fuerte. ¿Tenías razón?

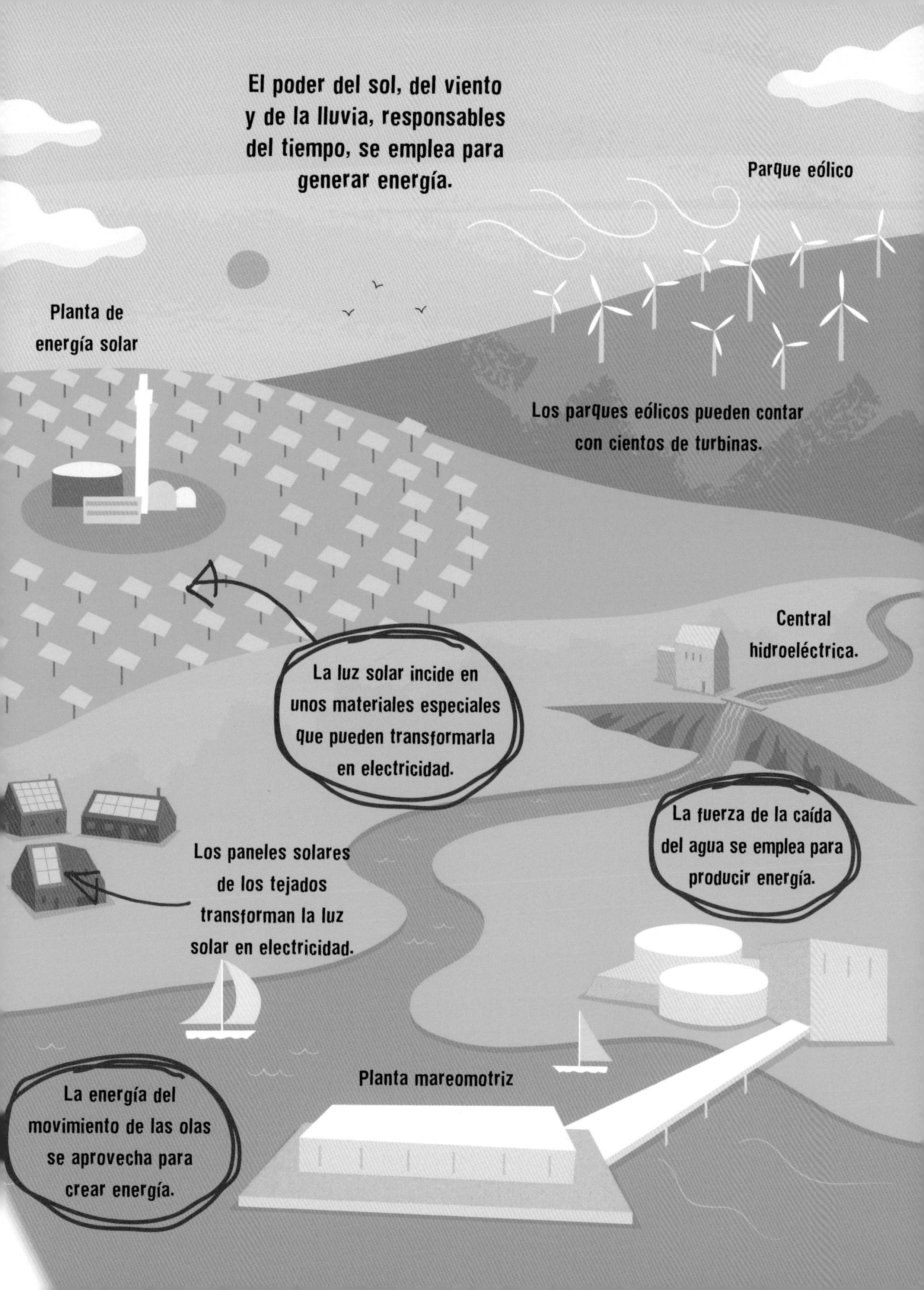

El poder del sol, del viento
y de la lluvia, responsables
del tiempo, se emplea para
generar energía.

Parque eólico

Planta de
energía solar

Los parques eólicos pueden contar
con cientos de turbinas.

Central
hidroeléctrica.

La luz solar incide en
unos materiales especiales
que pueden transformarla
en electricidad.

La fuerza de la caída
del agua se emplea para
producir energía.

Los paneles solares
de los tejados
transforman la luz
solar en electricidad.

La energía del
movimiento de las olas
se aprovecha para
crear energía.

Planta mareomotriz

El clima y las estaciones

Todo el mundo conoce los cambios que traen las estaciones, pero ¿sabrías explicar por qué suceden? En muchas partes del mundo, estos cambios estacionales influyen en el clima, entendido como pauta regular. Los expertos consultan los registros climáticos de bastantes años para hacerse una idea general del clima de una región. Dichos registros incluyen las temperaturas medias y las precipitaciones anuales.

El clima y las estaciones
Glosario

adaptación Proceso por el cual las plantas, los animales o las personas se adecuan al lugar en el que viven.

aislante Se dice del material que impide el paso del calor.

altitud Elevación sobre el nivel del mar.

Ártico Región del mundo que se encuentra alrededor del polo Norte.

bioma Hábitat de grandes dimensiones, como el bosque o el desierto.

bosque pluvial (o pluviselva) Espeso bosque que recibe abundantes lluvias y que se encuentra en las regiones tropicales del globo.

caducifolio Se dice del árbol al que se le caen las hojas todos los años.

conífera Árbol con hojas en forma de aguja y que produce unos frutos duros y secos llamados «piñas». Las hojas de la mayoría de las coníferas no se caen al llegar el invierno.

continente Cada una de las grandes masas de tierra del planeta, como Europa, Asia o África.

desierto Área en la que apenas llueve.

doble acristalamiento Sistema mediante el cual las ventanas cuentan con dos capas de cristal separadas por un espacio para que mantengan el calor.

ecuador Línea horizontal imaginaria que recorre la Tierra por la mitad.

eje Línea imaginaria que atraviesa el centro de la Tierra y sobre la que gira el planeta.

evaporación Proceso por el cual un líquido se convierte en gas sin que existia ebullición, como, por ejemplo, cuando se seca un charco.

evolución Proceso por el cual una nueva especie de animal o planta se desarrolla a partir de tipos anteriores.

hábitat Lugar en el que se suele encontrar un tipo concreto de planta o animal.

hemisferio norte La mitad de la Tierra que se encuentra al norte del ecuador.

hemisferio sur La mitad de la Tierra que se encuentra al sur del ecuador.

latitud Distancia en grados entre un punto de la superficie terrestre al ecuador.

niebla tóxica (o *smog*) Forma de polución atmosférica que se parece o se compone de una mezcla de humo (*smoke*) y niebla (*fog*). Aparece sobre todo en las ciudades.

órbita Trayectoria curva que describe un planeta o un objeto al moverse en el espacio alrededor de otro objeto, como un sol o un planeta.

panel solar Parte de un equipamiento que sirve para captar la luz solar y producir agua caliente y electricidad.

pastizal Gran zona de campo abierto cubierta de hierba silvestre.

polución Efecto que produce la acumulación de sustancias sucias o perniciosas en la tierra, el agua o el aire, y que hace que estos ya no sean seguros o agradables.

presa Animal cazado, matado y devorado por otro.

sabana Zona amplia, llana y abierta de campo, sobre todo de África, que está cubierta de hierba y que tiene pocos árboles.

templado Se dice de un clima de temperaturas suaves, que nunca son demasiado frías ni cálidas.

tropical Se dice de aquello que procede o que se encuentra en los trópicos o que es típico de ellos.

trópicos Zona de la Tierra que está justo sobre y bajo el ecuador. Su clima es cálido y húmedo durante todo el año.

valle Zona de tierras bajas situadas entre montes o montañas.

El clima

... en 30 segundos

¿Cuál es la diferencia entre *tiempo* y *clima*? El tiempo es el fenómeno que se produce en la atmósfera en un momento dado, por ejemplo, lluvia o nieve. El clima es una visión más general: es la pauta del tiempo medido a lo largo de muchos años en cada lugar.

Son tres los principales factores que influyen en el clima de una región: la distancia respecto del ecuador (latitud), la elevación de la tierra (altitud) y la proximidad del mar.

Ya hemos mencionado antes que el Sol calienta la Tierra de un modo desigual, lo que da lugar a tres zonas climáticas diferentes: la tropical, la templada y la polar. También sabemos que los océanos pueden influir en el clima por el hecho de que son más fríos que la tierra en verano y más cálidos que esta en invierno, por lo que los lugares con mar tienen unos veranos frescos y unos inviernos suaves. Por el contrario, los lugares muy interiores pueden estar expuestos a condiciones extremas, tales como veranos abrasadores o inviernos gélidos. Se trata del «clima continental».

La altitud también influye en el clima. Cuanto más ascendemos, más nos alejamos de la cálida superficie que absorbe los rayos solares, por lo que desciende la temperatura. Para escalar el monte Kilimanjaro, en el país tropical de Tanzania, uno necesita un sombrero cuando está al pie y un gorro de lana al llegar a la cima.

Resumen en 3 segundos

El clima es la pauta del tiempo de una región.

El tiempo en la costa

¿Has estado en la playa de vacaciones? Tal vez te hayas dado cuenta de que el tiempo suele ser lluvioso y ventoso. Esto se debe a que los vientos húmedos que soplan desde el mar traen lluvias al llegar a tierra y a que las diferencias de temperatura que hay entre la tierra y el mar producen brisas relativamente fuertes. Nos referimos a ellos como «brisa marina».

El clima de la cumbre, cubierta de nieve, es polar.

El clima depende de la distancia respecto del ecuador, de la altitud y de la distancia del mar.

Región polar

Zona templada

Región tropical

Zona templada

Región polar

Rayos solares

Las partes más elevadas de la ladera tienen un clima templado río y están pobladas de coníferas.

Las partes más bajas de la ladera tienen un clima templado cálido; los árboles son caducifolios.

El clima del bosque pluvial es tropical.

El mar hace que en la costa haga fresco en verano y que sus inviernos sean templados.

Los biomas

... en 30 segundos

Los distintos climas dan lugar a diferentes tipos de plantas. Los espinosos cactus crecen bien en el desierto, pero es improbable que vivan en los bosques pluviales. Y los árboles típicos de dichos bosques, como la caoba, se marchitarían y secarían en el desierto. La variedad climática de la Tierra da lugar a inmensos hábitats, conocidos como «biomas». En cada uno de ellos predomina un tipo concreto de vegetación.

¿Sabías que casi un tercio del planeta está cubierto de árboles? Los bosques tropicales se encuentran en los climas húmedos y cálidos que hay a ambos lados del ecuador. Los bosques de árboles de hoja ancha, como el roble, crecen en las regiones templadas. Existe un cinturón de un denso y oscuro bosque de coníferas que recorre América del Norte, Europa y Asia. El abeto, el pino y la pícea proliferan en él y se conoce como «taiga». En las frías y pantanosas tierras de la tundra, solo crecen árboles pequeños.

Donde el clima es un poco más seco, se encuentran los «pastizales». Existen dos tipos principales: el pastizal templado y la sabana tropical. Si casi no llueve, acaban por convertirse en desiertos. Sin embargo, existen algunas plantas, como los cactus, que pueden sobrevivir en el desierto, ya que almacenan la humedad en sus espinosos tallos. En las regiones polares no crecen plantas, ya que siempre están cubiertas de hielo y nieve.

Resumen en 3 segundos

Los biomas son grandes regiones de la Tierra que cuentan con climas y seres vivos característicos.

Misión de 3 minutos
¿Qué animal vive en cada bioma?

- oso polar
- jaguar
- cebra
- camello

- desierto
- sabana
- polar
- bosque pluvial

Las respuestas se encuentran en la página 93

La variedad climática del planeta da lugar a los distintos biomas. He aquí algunos ejemplos:

En la taiga el clima es frío y hay coníferas.

El bioma polar es el más frío y seco de todos.

Los bosques de las regiones templadas son caducifolios.

Asia

América del Norte

Europa

África

América del Sur

Australasia

En los desiertos habitan plantas y animales que necesitan poca agua para sobrevivir.

La sabana es cálida; en ella crecen muchos pastizales.

Los bosques pluviales tropicales son cálidos y tienen una enorme variedad de plantas y animales.

El interior de Australia, conocido como Outback, está cubierto de monte bajo seco.

Los microclimas

… en 30 segundos

Los biomas pueden ser enormes y abarcar miles de kilómetros cuadrados. Cada bioma contiene muchos hábitats más pequeños que pueden presentar ligeras diferencias en cuanto al clima, como los valles en las regiones montañosas o las ciudades. A estas zonas las llamamos «microclimas».

¿Alguna vez has escalado una montaña? ¿Te diste cuenta de que hacía más frío a medida que ascendías? En las montañas suele hacer más frío a medida que se sube; de hecho, la temperatura baja 1 °C por cada 150 m. Sin embargo, como los valles están en zonas más bajas y al resguardo que las cimas de las montañas, tienen un microclima más cálido. Las aldeas y los pueblos de valles escarpados suelen encontrarse donde reciben más luz solar.

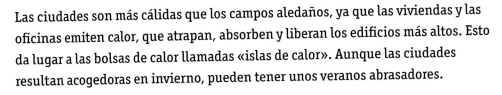

Las ciudades son más cálidas que los campos aledaños, ya que las viviendas y las oficinas emiten calor, que atrapan, absorben y liberan los edificios más altos. Esto da lugar a las bolsas de calor llamadas «islas de calor». Aunque las ciudades resultan acogedoras en invierno, pueden tener unos veranos abrasadores.

La polución urbana también puede influir en el clima local. Automóviles, camiones, fábricas y centrales eléctricas emiten humo, que reacciona con la luz solar y da lugar a la sucia neblina conocida como «neblina tóxica». Esta puede llegar a ocultar la parte superior de los edificios más altos y dificultar la respiración.

Resumen en 3 segundos

Los microclimas son pequeñas zonas cuyos climas son distintos a los de su alrededor.

Misión de 3 minutos **Altitud y temperatura**

El municipio francés de Chamoix se extiende por un valle de los Alpes, cercano al Mont Blanc, que tiene una altitud de 4 810 m. La cima de la montaña puede verse desde Chamoix, con una altitud de 1 035 m. Si la temperatura diurna estival de Chamoix es de unos agradables 25 °C, ¿qué temperatura tendrá la cima del gélido Mont Blanc? **Pista:** calcula la diferencia de altitud entre Chamonix y el Mont Blanc y recuerda cuánto desciende la temperatura al subir.

Los pueblos erigidos en las laderas de los montes cuentan con microclimas más cálidos que los de las montañas circundantes.

Algunos valles montañosos resultan escarpados.

Los cultivos crecen al sol.

En las montañas hace más frío que a nivel del suelo.

La tierra que eda a la sombra está cubierta de nieve.

El pueblo está en la zona soleada de la montaña.

El fondo del valle es más cálido que las laderas, que están a más altitud.

Causas de las estaciones

... en 30 segundos

Las estaciones se suceden porque la Tierra gira sobre su eje así como alrededor del Sol. El eje de la Tierra está inclinado con respecto a la órbita de giro alrededor del astro. Dicha inclinación siempre apunta en la misma dirección en el espacio.

El ecuador divide la Tierra en una mitad superior y otra inferior: el hemisferio norte y el hemisferio sur. Cuando este último se inclina hacia el Sol, llega el verano, con su tiempo cálido y soleado y sus largas horas de luz diurna. Mientras, en el hemisferio norte es invierno. La Tierra continúa recorriendo su órbita y, seis meses después, cambian las estaciones: el hemisferio norte se inclina hacia el Sol y disfruta del verano, mientras que el invierno llega al sur.

Las regiones tropicales siempre apuntan al Sol, por lo que es verano durante todo el año. Aunque parece ideal, algunas regiones tropicales tienen una estación seca y otra húmeda, por lo que las lluvias son muy desiguales. Las regiones templadas tienen cuatro estaciones. Cada una dura tres meses.

Las regiones polares son las que tienen las estaciones más extremas. Cuando llega el invierno, cada uno de los polos apunta en dirección contraria al Sol, por lo que hace un frío implacable y es completamente de noche las 24 horas del día. En verano, los polos reciben la luz solar y es de día siempre. Aun así, como el Sol está en una posición baja en el cielo, sigue haciendo un frío extremo.

Resumen en 3 segundos

La inclinación del eje de la Tierra es la responsable de las estaciones.

Misión de 3 minutos
Demostración de las estaciones

Necesitarás: • una manzana con rabito • una habitación a oscuras con una lámpara en el centro

Imagina que el rabito es el polo Norte y que el otro extremo es el polo Sur. Inclina el polo Norte hacia la lámpara (el Sol). Es verano. Sin dejar de inclinar la Tierra con el mismo ángulo y la misma dirección, llévala al otro lado del Sol. El verano ha llegado al hemisferio sur.

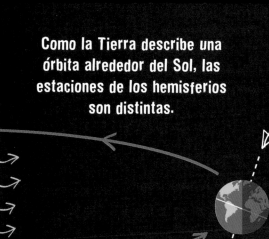

Como la Tierra describe una órbita alrededor del Sol, las estaciones de los hemisferios son distintas.

Eje de la Tierra

En el hemisferio sur es verano en diciembre porque es cuando está inclinado hacia el Sol.

En marzo es otoño en el hemisferio sur mientras que en el norte es primavera.

En el hemisferio norte es verano en junio porque es cuando está inclinado hacia el Sol.

En septiembre es primavera en el hemisferio sur mientras que en el norte es otoño.

Los animales en las distintas zonas climáticas

Los osos polares pasarían muchísimo calor en los trópicos, mientras que los animales tropicales, como la cebra, temblarían de frío en el Ártico. Todos están adaptados para vivir en un clima determinado. Las distintas especies han ido cambiando para adaptarse mejor a su entorno. Es la «evolución».

Los osos polares, las focas y los pingüinos viven en climas muy fríos. La mayoría de los animales polares cuentan con una espesa capa de piel o pelo para protegerse del frío. Debajo tienen una capa de grasa que actúa como aislante. Los osos polares y algunos animales cuentan con un estupendo mecanismo con el que hacer frente al duro clima invernal: ¡duermen durante toda la estación! Esto se conoce como «hibernación». Por otra parte, muchas aves y criaturas marinas vuelan o nadan en busca de lugares más cálidos para evitar el frío del invierno.

Los animales que viven en lugares muy cálidos no están dotados de espesos pelajes. En su lugar, sus cuerpos han desarrollado otras adaptaciones. Los zorros y los conejos del desierto, por ejemplo, tienen unas orejas muy largas gracias a las cuales se deshacen del calor como si fueran radiadores; por su parte, los camellos pueden pasar días sin beber. ¡Algunas ardillas incluso usan la cola a modo de sombrilla! Para buscar el frescor, estos animales descansan enterrados bajo tierra o a la sombra.

Resumen en 3 segundos

Los animales se han adaptado para sobrevivir en los distintos climas.

Misión de 3 minutos Temperatura y evaporación

Necesitarás: • 2 toallas • un termómetro

¿Por qué nos refresca pasarnos una toalla mojada por la cara? Espera a que llegue un día caluroso para averiguarlo. Moja una de las toallas. Deja las dos al sol durante 20 minutos. A continuación, coloca el termómetro en cada una de las toallas dobladas y toma la temperatura. La diferencia de temperatura se debe al enfriamiento que produce la humedad al evaporarse de la toalla mojada.

Los animales polares se han adaptado para vivir
en condiciones gélidas, mientras que los del desierto
han evolucionado para sobrevivir al calor.

Los osos polares tienen un espeso
pelaje –incluso en la cara interior
de las patas– que les ayuda
a mantenerse calientes.

Tienen el pelo de color blanco
para que sus presas no los
puedan detectar.

Tienen unas fuertes patas
con las que pueden andar
por la nieve y nadar
en las aguas heladas.

Las presas de los osos
polares son las focas
y las morsas.

El zorro del desierto, o fénec,
que vive en el desierto africano,
posee unas grandes orejas
que le ayudan a eliminar calor
y a mantenerse fresco.

Los zorros tienen
el color de la arena,
lo que les sirve para
confundirse con el
desierto y esconderse
para que no los cacen.

Tienen pelo en la cara
interna de las patas para,
así, protegerse de
la abrasadora arena
del desierto.

El hombre en los diferentes climas

... en 30 segundos

El ser humano ha aprendido a adaptarse a todo tipo de climas. Edificamos casas que nos protegen del frío y que evitan que se pierda el calor, llevamos prendas adecuadas para las épocas frías o calurosas y desarrollamos tecnologías que nos permiten desplazarnos con facilidad.

¿Sabes si tu casa está adaptada al clima? Si vives en una región fría, tendrá unos gruesos muros que sirvan de aislante, y doble acristalamiento para evitar las pérdidas de calor. Si vives en un clima cálido, puede que las ventanas tengan persianas para que las habitaciones estén frescas cuando haga calor. En los climas húmedos suele haber inundaciones. Por ello, las casas a veces se construyen sobre pilares para evitar que el agua entre en las viviendas. Donde nieva, los tejados son empinados.

La ropa nos ayuda a mantener una temperatura corporal homogénea allí donde vivamos. Si hace frío, podemos ponernos una cálida prenda de lana, así como un gorro y una bufanda. Cuando llega el calor nos vestinos con prendas finas y holgadas. Los colores claros y oscuros también nos ayudan a mantener el calor o el fresco.

En las regiones muy frías, la gente usa motonieves –trineos motorizados– para desplazarse e ir sobre el hielo o la nieve, mientras que en los lugares cálidos, como el desierto, hacen falta unos robustos vehículos todoterreno para desplazarse por la arena.

Resumen en 3 segundos

La ropa, los medios de transporte y las viviendas están adaptados para adecuarse al clima en el que se viva.

Misión de 3 minutos Colores claros y oscuros

Necesitarás: • un papel blanco • un papel oscuro • un termómetro

Pon el termómetro al sol. Tápalo con una hoja de papel blanco durante media hora y, después, comprueba la temperatura. Haz el mismo experimento, pero con una hoja de papel oscuro. Teniendo en cuenta los resultados, ¿qué color es más adecuado para la ropa en verano?

Las personas vivimos de diferentes maneras para sobrevivir en los distintos climas.

En el Ártico, las personas se abrigan para estar calientes y viajan en motonieves, que tienen cuchillas con las que se deslizan por el hielo.

En los climas fríos, las casas tienen gruesos muros y doble acristalamiento para conservar el calor.

En los climas cálidos se emplean paneles solares para convertir la luz solar en electricidad.

La casa cuenta con persianas para mantener el calor a raya.

La gente lleva ropa clara y holgada y se sienta a la sombra.

Cuando se producen inundaciones, se puede navegar en bote.

Las casas de los climas húmedos se mantienen secas durante las inundaciones gracias a los pilares.

Tipos
de tiempo

¿Cuántos tipos de tiempo puedes enumerar?
Hay muchos tipos de tiempo. Puede estar soleado o nublado, en calma o ventoso. Los vientos pueden traer nubes que dejen lluvia, granizo, aguanieve o nieve. También se puede producir escarcha, niebla o neblina. Todas estas circunstancias se deben a la humedad que haya en el aire.

Tipos de tiempo
Glosario

altitud Elevación sobre el nivel del mar.

bosque pluvial (o pluviselva) Espeso bosque que recibe abundantes lluvias y que se encuentra en las regiones tropicales del globo.

condensación Proceso por el cual un gas se vuelve líquido, como cuando, por ejemplo, se forman gotas de agua en una superficie fría cuando se enfría el vapor de agua.

condensar Pasar de gaseoso a líquido; por ejemplo, cuando el vapor de agua se convierte en agua.

continente Cada una de las grandes masas de tierra del planeta, como Europa, Asia o África.

corriente Movimiento de aire o de agua con una dirección concreta.

desierto Área en la que apenas llueve.

evaporación Proceso por el cual un líquido se convierte en gas sin que exista ebullición, como, por ejemplo, cuando se seca un charco.

humedad Vapor de agua que hay en el aire.

monzón Temporada de fuertes lluvias que tiene lugar en una época concreta del año debido a que soplan en tierra vientos húmedos marítimos.

presión Fuerza que actúa sobre una superficie en concreto.

presión atmosférica Peso que ejerce hacia abajo el aire atmosférico.

pronosticar Intentar determinar qué va a suceder en el futuro. Para pronosticar el tiempo se emplean superordenadores.

templado Se dice de un clima de temperaturas suaves, que nunca son demasiado frías ni cálidas.

trópicos Zona de la Tierra que está justo sobre y bajo el ecuador. Su clima es cálido y húmedo durante todo el año.

vapor de agua Forma gaseosa del agua.

El ciclo del agua

... en 30 segundos

¿Sabías que la humedad se desplaza constantemente entre la tierra, el aire y el mar? A este movimiento lo llamamos «ciclo del agua». Esto implica que el agua que sale del grifo una vez estuvo en las nubes, en el mar o en ríos o lagos.

Cuando el sol calienta la superficie de los mares, lagos y estanques, se evapora el agua y asciende al aire en forma de un gas que denominamos «vapor de agua». A la cantidad de agua en forma de vapor que hay en el aire la llamamos «humedad». Aunque el aire caliente puede contener bastante humedad, al ascender se enfría, se condensa y se convierte en gotitas o en cristales de hielo. Estos elementos se aglutinan y dan lugar a las nubes, que luego descargan lluvia o nieve.

Tras la lluvia, el agua penetra en el suelo y las plantas la absorben. Sin embargo, la mayoría va a parar a lagos, estanques y ríos, que la llevan de nuevo al mar. Así finaliza el viaje del agua, y el ciclo vuelve a empezar.

¿Alguna vez, al mirar por la ventana, no has podido ver nada? La niebla y la neblina son nubes que se forman a nivel del suelo en lugares donde se condensa el aire caliente y húmedo al entrar en contacto con una superficie fría, como puede ser el suelo, el mar o un lago. Cuando se puede ver menos de 1 km a través de la nube lo llamamos «niebla». Cuando se ve entre 1 y 2 km, se conoce como «neblina».

Resumen en 3 segundos

El agua da vueltas y vueltas por la Tierra en el ciclo del agua.

Misión de 3 minutos Elaboración del ciclo del agua

Necesitarás: • un cuenco grande • un vaso pequeño • film transparente • un guijarro

Llena el cuenco de agua. Pon el vaso en el medio. Tapa bien el cuenco con el film y coloca el guijarro arriba. Deja el cuenco en un alféizar soleado durante unos días. ¡En el vaso habrá agua! Esto se debe a que el sol evaporará el agua, el cual se condensará en el film y caerá al cuenco, como la lluvia.

El agua se evapora en el aire
al calentarse, se condensa
y vuelve a caer a la tierra
al enfriarse.

El aire asciende
y se enfría.
El agua se condensa
y da lugar a las
nubes.

Las nubes descargan lluvia.

El calor del sol hace
que el agua de los
mares y los lagos se
evapore en el aire.

La mayor parte del
agua de lluvia va
a parar a lagos
y ríos antes de
volver al mar.

Parte del agua de lluvia penetra
en la tierra, donde las plantas
la absorben en un proceso
llamado transpiración.

Las nubes

... en 30 segundos

¿Alguna vez te has preguntado de qué están hechas las nubes? Pues no son más que agua que flota. Se componen de miles de millones de diminutas gotitas de agua o cristales de hielo, elementos tan ligeros como para flotar en las corrientes de aire ascendente.

Las nubes se forman cuando una masa de aire cálido y húmedo se eleva y se enfría. El vapor de agua se condensa en torno a minúsculas motas de polvo para dar lugar, en función de la temperatura, a gotitas de agua o cristales de hielo. Al ser un gas, el vapor de agua es invisible, pero cuando las gotitas de agua o los cristales de hielo se aglutinan dan lugar a masas nubosas, que pueden ser blancas o grises.

Las nubes adoptan diferentes formas en función de lo altas que estén, la velocidad con la que sople el viento y la humedad que haya en el aire. Los cúmulos parecen montoncitos de algodón. Con este tipo de nubes es probable que haga buen tiempo. Los cumulonimbos, en cambio, anuncian una tormenta.

Los cirros son nubes ralas que se encuentran a grandes altitudes y que están compuestas de cristales de hielo. Cuando en el cielo haya mechones de cirros, llamados «colas de yeguas», puede que se aproximen lluvias o tormenta. Los estratos cubren el cielo como si se tratara de una faja grisácea. Estas nubes, que aparecen a escasa altitud, pueden traer nieve o lluvia, pero también un día encapotado. Los demás tipos de nubes son una combinación de cúmulos, estratos y cirros.

Resumen en 3 segundos

Las nubes son masas flotantes de humedad que adoptan distintas formas.

Misión de 3 minutos Hacer una nube

Necesitarás: • la tapa de una lata • sal

Este experimento se debe llevar a cabo en un baño caliente y lleno de vapor. Pon algunos granos de sal sobre la tapa de la lata. Déjalos durante unos minutos. Los granos se convertirán en gotitas a medida que se vaya condensando el agua en la sal, igual que sucede con las nubes.

Los distintos tipos de nubes pueden ayudarnos a pronosticar el tiempo.

Cirro quiere decir «sortijilla de pelo», que es precisamente lo que parecen estas nubes.

Si ves cumulonimbos, es porque se acerca una tormenta.

Más de 6 000 m

Entre 2 000 y 6 000 m

Los altocúmulos son nubes de media altitud.

Hasta 2 000 m

En los días buenos pueden verse cúmulos.

Los grises y densos estratos hacen que el día se ponga gris y encapotado y a veces traen lluvias.

La lluvia
... en 30 segundos

El agua que se acumula en las nubes acaba por caer en forma de lluvia, llovizna, aguanieve, nieve o granizo. Toda el agua que caiga, ya sea en forma de hielo o líquida, se conoce como «precipitación».

Las diminutas gotitas de agua o los cristales de hielo que conforman las nubes se mantienen en el aire gracias a las corrientes de aire ascendente. Sin embargo, a medida que las gotitas se van moviendo, empiezan a juntarse y dan lugar a otras más grandes. Al final, son tan grandes que las corrientes ascendentes de aire no pueden sostenerlas y acaba lloviendo. Si lo que cae es nieve o granizo y se derrite durante el trayecto, también se puede convertir en lluvia.

Cada gota de lluvia contiene alrededor de un millón de gotitas de nube. Es probable que cuando dibujes gotas de lluvia les des forma de lágrima. Sin embargo, las gotas pequeñas en realidad son redondas. Las grandes están redondeadas, pero al caer se aplanan por arriba y por abajo, lo que les da un aspecto de pan de hamburguesa.

Los arcoíris se forman cuando la luz solar pasa a través de las gotas de lluvia. Cuando dicha luz pasa por cada gota se refracta (se desvía) y se refleja volviendo en la dirección contraria pero dispersada en una banda de colores: rojo, naranja, amarillo, verde, azul, añil y violeta. Cuando quieras observar un arcoíris, hazlo siempre mirando en la dirección contraria a la que se encuentre el Sol.

Resumen en 3 segundos

Llueve cuando las gotitas de agua son demasiado pesadas para flotar en el aire.

Misión de 3 minutos Hacer un arcoíris

Necesitarás: • un vaso de agua • un folio • un día soleado

Por el vaso al sol al borde de una mesa de modo que solo la mitad quede apoyada: ¡asegúrate de que no se caiga! Coloca el papel en el suelo de modo que los rayos solares atraviesen el agua antes de incidir en él. Mueve el papel y el vaso hasta que veas el arcoíris.

46

Las gotitas de las que constan
las nubes caen en forma de lluvia.

Aunque los cristales de hielo suelen derretirse y
convertirse en gotas de lluvia, pueden caer en forma
de nieve si hace mucho frío cerca del suelo.

En la parte superior
de las nubes se
encuentran los
cristales de hielo.

Formas de las gotas
de lluvia.

Gotita de agua

mm   2 mm   3 mm

Cristal de hielo

En la parte inferior de las
nubes solo hay gotas de agua.
Estas se combinan para dar
lugar a las gotas de lluvia.

Los arcoíris se forman
cuando la luz solar pasa
por las gotas de lluvia
y se vuelve a reflejar.

Cuando el aire ya no
puede sostener las gotas
de agua, estas caen
a modo de lluvia.

Tipos de lluvia
... en 30 segundos

La lluvia es vital para las plantas y los animales. Las personas la necesitamos para beber y cultivar, y en la industria. Sin embargo, la lluvia no cae por igual en todos los lugares. Hay sitios donde llueve mucho y hay inundaciones, mientras que otros son tan áridos que apenas llueve.

En las zonas cercanas a la costa de los trópicos llueve mucho debido a que el aire llega húmedo y cálido del mar. En estas condiciones crecen los densos bosques pluviales. Cerca del centro de los continentes, muy lejos de los húmedos vientos marinos, se pueden encontrar desiertos en los que hay muy pocas plantas.

¿Sabías que las regiones polares también pueden considerarse desiertos? Aunque tienen agua en abundancia, esta se encuentra congelada, por lo que apenas se pueden formar nubes y casi no llueve.

A veces se pueden encontrar lugares en los que llueve mucho a escasos kilómetros de un sitio muy seco. Este fenómeno puede darse en las cordilleras. La mayoría del aire que sopla del mar se eleva y se enfría al llegar a las montañas, lo que hace que se formen nubes que descargan en el lado que da al mar. Cuando las nubes llegan al otro lado, ya no les queda agua. Estas zonas se denominan «sombras de lluvia».

El clima monzónico

En los climas templados, lo habitual es que los días lluviosos y los soleados se alternen a lo largo de todo el año. Sin embargo, no sucede así en las zonas tropicales de clima monzónico. En estos lugares hay una estación seca y otra de lluvias, por lo que el tiempo pasa de un extremo a otro. La India es zona de paso de los vientos monzónicos. En verano, los húmedos vientos marinos llevan lluvias torrenciales. En invierno, los sequísimos vientos soplan de la dirección contraria a través de Asia Central, por lo que apenas llueve.

Resumen en 3 segundos

En algunos sitios llueve mucho, mientras que en otros lo hace muy poco.

Las distintas partes del mundo reciben diferentes cantidades de lluvia. En esta montaña llueve mucho por una cara mientras que la otra es muy seca.

Los húmedos vientos que soplan del mar dejan lluvias en el lado que da a este, por lo que pueden crecer árboles.

En la otra cara de la montaña cae poca lluvia. Se encuentra en la sombra de lluvia.

Los desiertos se forman donde el aire es muy seco: son muy pocas las plantas que crecen aquí.

Nieve, aguanieve, granizo, escarcha
... en 30 segundos

A altitudes elevadas, las temperaturas son bajo cero. Hace el suficiente frío como para que nieve. Los copos se forman cuando la humedad de las lluvias se congela y se convierte en cristales de hielo. Cuando los cristales se aglutinan acaban por hacerse más grandes. Al final, adquieren tal peso que acaban por caer. Si la temperatura del suelo no es de bajo cero, los copos se derriten parcialmente. Es lo que se conoce como «aguanieve».

Los copos de nieve suelen contener más de un centenar de cristales, q ue están dispuestos en una estructura llamada «entramado». Todos los copos tienen seis puntas y no existen dos iguales.

El granizo se forma cuando hay gotitas líquidas a temperatura bajo cero en una nube de tormenta. Algunas de ellas se congelan rápidamente y en su movimiento en la nube se van formando nuevas capas de hielo sobre los pequeños granizos formados, pudiendo entonces alcanzar gran tamaño como en el pedrusco.

La escarcha es hielo que se forma a nivel del suelo cuando la humedad se condensa y se congela en superficies frías. Cuando se forma en las ventanas, forma unos preciosos dibujos plumosos a medida que se va extendiendo. Cuando la niebla cubre el paisaje y sus gotitas de agua se congelan sobre las ramas y las briznas de hierba, se produce la espesa escarcha conocida como «rocío blanco».

Resumen en 3 segundos

La nieve, el granizo, la escarcha y la aguanieve son formas del hielo.

Granizo de campeonato

Aunque la mayoría del granizo tiene el tamaño de un guisante, algunos pueden ser como pelotas de tenis, ¡y los más grandes pueden ser como pomelos! El granizo más grande del que se tiene constancia cayó en Dakota del Sur, en Estados Unidos, en 2010. Tenía un perímetro de 20 cm y pesaba 0,88 kg. ¡No querríamos estar allí cuando semejante enormidad se estrelló contra el suelo!

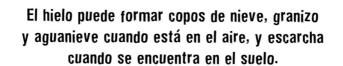

El hielo puede formar copos de nieve, granizo y aguanieve cuando está en el aire, y escarcha cuando se encuentra en el suelo.

Granizo

El granizo consta de capas de agua helada. Si cortas una piedra de granizo, podrás observar dichas capas. Para que las piedras de granizo grandes permanezcan en suspensión mientras se van formando, tiene que haber corrientes verticales muy fuertes en el interior de las nubes de tormenta.

Aguanieve

Si los copos de nieve pasan por una zona con aires más cálidos, se derriten parcialmente y se convierten en aguanieve.

Copos de nieve

Los copos de nieve son cristales de hielo que desarrollan estructuras hexagonales.

La escarcha se forma a nivel del suelo, sobre todo en las noches de invierno despejadas.

Anticiclones, borrascas y frentes

... en 30 segundos

El ascenso y el descenso del aire dan lugar a áreas con distintas presiones atmosféricas. Cuando el aire asciende, produce una zona de bajas presiones que se conoce como «borrasca». El aire que circula por ella lo crea en forma de remolino. Si no gira con la suficiente rapidez, se ve arrastrado hacia dentro y arriba. El aire húmedo que asciende se va encontrando con presiones atmosféricas menores y, por lo tanto, se expande y se enfría, lo que hace que se produzcan nubes y lluvia. Este tiempo inestable puede durar días.

Donde el aire desciende se produce un anticiclón, que es una zona de altas presiones. El aire se aplasta y se calienta al descender, lo que impide que la condensación forme nubes y lluvia. Por ello, los anticiclones suelen anunciar un tiempo soleado.

En los partes meteorológicos se suelen mencionar los frentes atmosféricos. Son las franjas de separación inclinadas que hay entre masas de aire cálido y frío. Existen varios tipos en función de la temperatura del aire que se esté moviendo hacia delante. En los frentes cálidos, hay una masa de aire cálido que se desliza poco a poco sobre el aire frío. Al ascender dicho aire cálido, se expande y se enfría, de modo que se condensa la humedad y se producen nubes y lloviznas. Los frentes fríos pueden implicar mal tiempo. En ellos hay masas de aire frío que se introducen debajo del aire caliente, lo que hace que se eleve con gran rapidez. La humedad se condensa a gran velocidad y puede provocar tormentas e intensas lluvias.

Resumen en 3 segundos

Las distintas temperaturas y presiones atmosféricas producen diferentes tipos de viento.

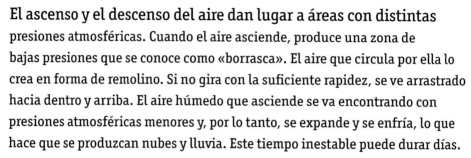

Misión de 3 minutos Hacer una borrasca

Necesitarás: • media taza de té con hojas de té • una cucharita

El aire que hay alrededor de las borrascas y los anticiclones gira en espiral, igual que el agua al irse por el desagüe. Gracias a la taza con las hojas de té en el fondo, puede lograrse un efecto similar. Remueve la infusión con la cucharita. Las hojas de té que se arremolinen en el centro son como el aire que se mueve hacia dentro y arriba en los sistemas de bajas presiones.

Los frentes cálidos traen nubes y lluvias débiles, mientras que los fríos pueden desencadenar tormentas.

En los frentes fríos hay masas de aire frío que se meten debajo del aire caliente.

La humedad se condensa y provoca lluvias.

Pueden producirse fuertes lluvias y tormentas.

En los frentes cálidos, una masa de aire cálido se desliza sobre el aire frío.

Fenómenos atmosféricos extremos

Aunque el tiempo puede ser agradable en un día templado y soleado, también puede ser terrible. Entre las manifestaciones atmosféricas extremas se encuentran las tormentas, las nevascas, las granizadas, los huracanes y los tornados. Estos intensos fenómenos a veces pueden resultar muy destructivos. En este capítulo analizaremos el caos que producen estos fenómenos adversos en nuestro planeta.

Glosario

chaparrón Lluvia muy fuerte de aparición súbita.

ciclón tropical (tifón, huracán) Fenómeno atmosférico cuyo centro presenta bajas presiones y que tiene fuertes vientos que giran a su alrededor.

condensación Proceso por el cual un gas se vuelve líquido, como cuando, por ejemplo, se forman gotas de agua en una superficie fría al enfriarse el vapor de agua.

condensar Pasar de ser gaseoso a líquido; por ejemplo, cuando el vapor de agua se convierte en agua.

corriente Movimiento de aire o de agua con una dirección concreta.

corrimiento Masa de tierra o roca que se desprende de la ladera de una montaña o peñasco.

desierto Área en la que apenas llueve.

ecuador Línea horizontal imaginaria que rodea la Tierra por la mitad.

fértil Se dice de una tierra o terreno donde las plantas crecen bien.

fricción Fuerza de rozamiento de una superficie con relación a otra.

fuerza centrífuga Aquella que experimentan hacia fuera los objetos que se mueven en rotación.

huracán Temporal violento de vientos muy fuertes.

marea Subida y bajada regulares del nivel del mar provocadas por la atracción de la Luna y por la rotación de la Tierra.

monzón Temporada de fuertes lluvias que tiene lugar en un momento concreto del año debido a que soplan en tierra vientos húmedos.

presión Fuerza que actúa sobre una superficie en concreto.

pronosticar Intentar determinar qué va a suceder en el futuro. Para pronosticar el tiempo se emplean superordenadores.

repeler Alejarse entre sí dos objetos, a causa de una fuerza eléctrica o magnética.

tropical Se dice de aquello que procede o que se encuentra en los trópicos o que es típico de ellos.

valle Zona de tierras bajas situadas entre montes o montañas.

ventisquero Gran masa de nieve que ha acumulado la acción del viento.

Las tormentas

... en 30 segundos

Cada año se producen unos 16 millones de tormentas en el planeta, ¡lo que da una media de 45 000 diarias! Las tormentas son la forma más habitual de fenómenos atmosféricos extremos. ¿Cómo se producen?

En el interior de las gruesas nubes de tormenta hay unas potentes corrientes de aire que hacen que las gotitas de agua, el granizo y los cristales de hielo tengan fricción. Esta genera electricidad estática. En la parte superior de las nubes, la electricidad tiene carga positiva, mientras que en la inferior es negativa. A su vez, la tierra que queda por debajo de la nube también se carga positivamente.

Cuando la carga es lo bastante intensa, una potente chispa eléctrica salta al interior de la nube, entre nubes o de una nube al suelo. Es el momento en el que se puede ver el destello del relámpago. Cuando estalla en el aire, hace que este se caliente mucho, por lo que se propaga a gran velocidad. Esta propagación provoca una onda sonora y... ¡bum! Entonces se oye el trueno.

Aunque veamos el relámpago antes de escuchar el trueno, ambos se producen a la vez. Esto se debe a que la luz viaja más rápido que el sonido. Si quieres averiguar a qué distancia se encuentra la tormenta, basta con contar los segundos que transcurren entre el destello del relámpago y el trueno. La luz llega casi al instante, mientras que el sonido necesita unos 3 segundos para recorrer 1 km.

Resumen en 3 segundos

Las tormentas se deben a unas potentes cargas eléctricas que hay en las nubes.

Misión de 3 minutos
Generación de electricidad estática

Necesitarás: • un globo inflado • una bolsa de plástico muy fino • un paño de cocina

Corta una tira de 2,5 cm en la mitad de la bolsa para hacer un aro. Ponlo en una mesa y dale golpes con el paño de cocina. Frótate el globo por el pelo. Lanza el aro al aire y pon el globo cargado debajo: ¡el aro flotará sobre él! Como se han cargado de electricidad, se repelen entre sí.

Los huracanes

... en 30 segundos

Los huracanes son enormes tormentas giratorias de hasta 1 000 km de anchura. Desde el espacio, parecen gigantescas ruedas que se estuvieran extendiendo por la superficie terrestre. Son muy destructivos.

Aunque en el océano Atlántico se conocen con este nombre, en el Pacífico se llaman «tifones» y en el Índico se les da el nombre de «ciclones».

Los huracanes se forman en las zonas cálidas y con aire húmedo de los mares tropicales durante el verano y el otoño. Al principio, son una acumulación de tormentas. El aire caliente asciende con rapidez y provoca la aparición de bajas presiones. La tormenta gira cada vez más rápido alrededor de esta zona de baja presión a medida que va ascendiendo el aire y condensándose el agua en forma de fuertes lluvias, lo que genera más calor y aviva la tormenta.

En el interior de los huracanes hay un centro en calma, que se llama «ojo». Sin embargo, alrededor hay un remolino con unos vientos muy intensos, ya que, con sus 300 km/h, son tan rápidos como el más veloz de los trenes.

Los vientos giratorios y las lluvias torrenciales de los huracanes pueden provocar destrozos, sobre todo cuando llegan a tierra. Los vientos que giran alrededor del ojo provocan la aparición de una zona de muy bajas presiones que puede absorber las aguas marítimas y dar lugar a una marejada ciclónica. Cuando llega a tierra, se eleva como si fuera una marea muy alta y golpea contra la costa.

Resumen en 3 segundos

Los huracanes son las tormentas más intensas de la Tierra.

Los destrozos de la marejada ciclónica

En el año 2013, el tifón Haiyan devastó las islas centrales de Filipinas, donde golpeó con lluvias torrenciales, feroces vientos de más de 270 km/h y una marejada ciclónica de más de 7,5 m. Asoló las zonas costeras, acabó con 6 000 personas y dañó o destruyó las viviendas de 4 millones de individuos.

Los huracanes se forman sobre el mar
y golpean en tierra, donde provocan
grandes daños.

Se producen fuertes lluvias.
La condensación del vapor
genera calor y la tormenta
se aviva.

Los huracanes
comienzan a modo de
tormentas sobre los
mares tropicales.

El viento se expande
y enfría al elevarse, con lo
que provoca condensación
y formación de nubes.

Los vientos ligeros que
hay alrededor del huracán
permiten que crezca.

El aire cálido se eleva
con rapidez.

Los vientos giran
alrededor del ojo
del huracán.

Cuando el huracán se acerca a
tierra, el viento provoca un
área de bajas presiones que
absorbe una masa de agua
llamada «marejada ciclónica».

La tormenta inunda la tierra
y los vientos del huracán
destruyen árboles y edificios.

Los tornados
... en 30 segundos

Los tornados son violentos torbellinos giratorios. A diferencia de los huracanes, tienen un tamaño pequeño –en torno a 1 km de perímetro– y solo duran unos cuantos minutos, mientras que los primeros pueden estar soplando durante días. Los vientos que hay en el interior de los tornados son más feroces aún que los de los huracanes. Alcanzan una velocidad de hasta 480 km/h.

Los tornados se forman en tierra, debajo de unas potentes tormentas llamadas «supercélulas». El aire cálido que se dispara hacia arriba comienza a girar en espiral. Bajo las nubes aparece un embudo giratorio de aire denominado «vórtice», que se pliega hacia abajo como la trompa de un elefante. Cuando alcanza el suelo, se convierte en un tornado.

El giro del aire ejerce una enorme fuerza de succión, como si fuera una aspiradora gigantesca. Los cultivos y árboles son arrancados de raíz. Automóviles, camiones, botes y cobertizos vuelan por los aires como si fueran juguetes. Los tejados de las casas vuelan. A su paso por el paisaje, el tornado deja un rastro de completa destrucción.

A veces se producen grupos de tornados a la vez. Donde más sucede este fenómeno es en la zona centro-sur de Estados Unidos, en una región muy propensa a las tormentas, conocida como Tornado Alley («el callejón de los tornados»). En 1974 tuvo lugar un enjambre de 148 tornados en la zona, que dejó un rastro de destrucción de 4 000 km de largo.

Resumen en 3 segundos

Los tornados son columnas de aire giratorio con unos vientos de una fuerza destructiva.

Misión de 3 minutos
Protección contra los tornados

Los tornados tienen una fuerza tan increíble que pueden arrasar barrios enteros. Considera la situación de tu propia casa. ¿Crees que aguantaría una tormenta violenta? Imagina que te dedicas a la arquitectura y que vives en un país propenso a los tornados. Piensa en formas de proteger las casas frente a los fuertes vientos. Después, consulta en Internet cómo diseñan los profesionales de la arquitectura estos edificios.

Aunque los tornados duran poco, dejan un rastro de destrucción.

Los vientos que giran alrededor de un centro de bajas presiones ejercen una fuerza centrífuga que empuja hacia fuera, como circular por una rotonda.

Los tornados se forman debajo de nubes de tormenta cuando hay vientos que comienzan a girar hacia arriba en espiral.

Debajo de las nubes se forma un oscuro embudo de aire.

El centro de esta zona de bajas presiones ejerce una fuerza de succión.

Los tornados dejan un rastro de destrucción a su paso.

Los desiertos y las sequías

... en 30 segundos

Piensa en un desierto. Es probable que hayas imaginado un lugar caluroso y con arena. Aunque en los desiertos como el del Sahara sí que es cierto que el calor es abrasador de día, cuando llega la noche, el frío es extremo, ya que no hay nubes con las que se conserve el calor. Además, hay algunos desiertos en los que el frío es también implacable de día.

Todos los desiertos son lugares hipersecos que reciben menos de 25 cm de agua al año. Muchos de los desiertos más grandes del planeta se encuentran en dos franjas que están entre los 15 y los 30° al norte o al sur del ecuador. El aire cálido y seco de estas zonas desciende, lo que impide la formación de nubes de lluvia.

A pesar de que los ambientes hipersecos son normales en los desiertos, las sequías son mucho menos pronosticables. Las sequías son períodos anormalmente prolongados de un tiempo seco que puede devastar lugares que suelen ser fértiles. Los ríos y los lagos se secan, los cultivos se marchitan y los animales mueren de sed. Estas circunstancias de sequedad pueden propiciar incendios forestales. Las personas pueden verse obligadas a emigrar o enfrentarse a la inanición.

En la década de 1930 se produjo en el Medio Oeste estadounidense una de las sequías más conocidas de la historia. Los años de tiempo seco transformaron la tierra en polvo; después, los fuertes vientos se lo llevaron y llenaron el aire de ese polvo asfixiante.

Resumen en 3 segundos

Los desiertos son lugares hipersecos. Las sequías aparecen cuando el tiempo es en extremo seco.

Las sequías australianas

Australia ha padecido algunas de las peores sequías de las que se tiene constancia, con efectos desastrosos para la agricultura. En las ciudades, la gente aprendió a reutilizar las «aguas grises», es decir, aguas residuales que se habían empleado en duchas, baños y fregaderos. En las centrales de tratamiento de aguas se filtraba la sal del agua del mar, y gracias a esto se podía beber. Son lecciones que podrían aprender en otros lugares secos, ya que con esta actitud es posible ahorrar.

Cuando aparece la sequía, se provocan condiciones desérticas que acaban con las tierras de labranza y destruyen cosechas y ganado.

Los incendios forestales se inician en condiciones hipersecas.

El suministro de agua se agota.

No hay cereales en los graneros y la maquinaria agrícola está inactiva.

Árboles y cultivos se secan a causa de la falta de agua.

La tierra se seca y se resquebraja.

Las inundaciones

... en 30 segundos

Hay zonas del mundo que son muy secas, mientras que otras son propensas a sufrir inundaciones a causa de los ríos y los mares, así como de trombas de agua repentinas.

Existen dos tipos principales de inundaciones: las ribereñas y las costeras. Las primeras se producen tras fuertes lluvias, en especial en las regiones tropicales, en las que existe el «monzón». Los márgenes de los ríos se desbordan y el agua rebosa por las tierras aledañas. En 2011, el Sudeste asiático fue azotado por unas lluvias monzónicas de suma intensidad. Las inundaciones arrasaron Tailandia, Vietnam y Camboya y fallecieron 1 800 personas.

Las inundaciones costeras pueden deberse a subidas altas de marea, tormentas, a huracanes o tsunamis, que son olas gigantes desencadenadas por un terremoto.

Las trombas de agua provocan inundaciones súbitas en valles montañosos angostos. Existen unos violentos chaparrones que se denominan «aguaceros» y que pueden llegar a provocar la aparición súbita de muros de agua que se lleven por delante carreteras, puentes, automóviles y casas. En el año 2004, en solo dos horas, cayó toda la lluvia de un mes en un angosto valle de Cornualles, en Reino Unido: fue una tromba de agua repentina. Sepultó el municipio de Boscastle, lo que acarreó muchísimos daños.

Incluso en el desierto, los aguaceros pueden producir inundaciones súbitas. Como el suelo pedregoso está muy seco como para absorber la rápida caída de la lluvia, acaba por quedarse en la tierra. El agua brota por valles y lechos fluviales, que se desbordan por el desierto.

Resumen en 3 segundos

Las inundaciones afectan sobre todo a los ríos y costas.

Días de aguaceros

En junio de 2013 tuvieron lugar unas lluvias muy intensas en el norte de la India. Aunque los aguaceros suelen durar escasos minutos, estos se prolongaron durante cuatro días. La lluvia torrencial provocó inundaciones y corrimientos devastadores. Desaparecieron puentes y municipios al completo.

Cuando en un valle montañoso estrecho cae una lluvia torrencial, se puede producir una inundación repentina y provocar graves daños en las casas.

El aguacero puede provocar una inundación si cae sobre el curso superior de un río.

La gente se llega a subir a los tejados para evitar que se la lleve el agua.

Cuando varias corrientes pluviales se combinan puede llegar a producirse un muro de agua.

El río rebosa por las márgenes.

Los servicios de emergencia rescatan a la gente en botes.

El torrente de aguas fangosas puede llevarse por delante árboles y automóviles.

Las nevascas y las granizadas

... en 30 segundos

Las nevascas son tormentas de nieve muy fuertes y con vientos huracanados. El aire se llena de una nieve punzante y no se puede ver nada, ya que todo está blanco. En 2010, se produjeron unas nevascas récord que azotaron el este de Estados Unidos. Las ciudades quedaron enterradas por hasta 75 cm de nieve. Como los autobuses, los trenes y los metros dejaron de funcionar y los aeropuertos se cerraron, muchas personas quedaron atrapadas.

Las nevadas intensas pueden provocar el caos, partir árboles por la mitad, derribar tendidos eléctricos y hacer que se corten los suministros energéticos. Cuando la nieve es tan espesa que bloquea las carreteras, las casas pueden quedar aisladas durante días y los automóviles quedarse atrapados en ventisqueros.

En las zonas montañosas escarpadas, si la nieve cae con fuerza, se puede desencadenar una avalancha, que es cuando una gran masa de nieve se desprende de la montaña y se lleva por delante árboles, casas y personas.

Las granizadas violentas también pueden ser peligrosas. Cuando el granizo tiene el tamaño de pelotas de golf, puede romper techos de cristal, claraboyas y parabrisas. En mayo de 1995, el municipio de Forth Worth, en Texas, Estados Unidos, fue azotado por una granizada que provocó daños por valor de 2 000 millones de dólares. Murieron catorce personas.

Las tormentas de hielo son también bastante habituales en América del Norte. Estas tienen lugar cuando cae una lluvia helada que cubre carreteras, casas y tendidos eléctricos con una espesa capa de hielo que puede provocar daños a los edificios, así como accidentes de tráfico.

Resumen en 3 segundos

Los rigores del invierno pueden poner en peligro vidas.

Los meteoritos de hielo

A veces caen del cielo unos peligrosos bloques helados llamados «meteoritos de hielo». Es probable que procedan de los aviones. En 2007, un terrón de hielo de 9 kg –el peso de nueve bolsas de azúcar– impactó contra el tejado de una nave industrial en España. Cuando cayó este enorme bloque, el cielo estaba despejado.

Aldeas, pueblos e incluso ciudades pueden quedar sepultados por la nieve durante una nevasca.

Fuertes vientos y nieve

Una masa de nieve, hielo y piedra puede caer a gran velocidad por la ladera durante una avalancha.

Si se daña el tendido eléctrico, las casas se quedan sin luz.

La nieve y el hielo bloquean las carreteras. Los ventisqueros pueden enterrar los automóviles.

Los árboles se quiebran por el peso de la nieve.

El pronóstico del tiempo

Todos queremos saber qué tiempo va a hacer mañana, y para ello dependemos de los partes meteorológicos. Aunque la meteorología no es una ciencia nueva, en torno a las tres últimas décadas, sus métodos de medición se han sofisticado mucho. Hoy en día, los expertos pueden pronosticar el tiempo mucho mejor gracias a los modelos numéricos basados en leyes científicas, ¡aunque el tiempo nos sigue deparando sorpresas!

El pronóstico del tiempo
Glosario

atmósfera Mezcla de gases que rodea a la Tierra.

boya Objeto que flota en el mar o en un río y que se coloca para delimitar los lugares peligrosos y aquellos por los que se puede navegar sin problemas. Las estaciones meteorológicas pueden colocarse en ellas.

ciclón Fenómeno atmosférico cuyo centro presenta bajas presiones y que tiene fuertes vientos que giran a su alrededor.

corriente Movimiento de aire o de agua con una dirección concreta.

fuego incontrolado Incendio que quema todo a su paso.

humedad Vapor de agua que hay en el aire.

huracán Tormenta violenta de vientos muy fuertes.

infrarrojo Se dice de la onda o radiación térmica de mayor longitud que el color rojo en el espectro cromático y que no puede percibirse a simple vista.

meteorólogo Científico que estudia y pronostica la atmósfera terrestre y sus cambios.

niebla tóxica (o *smog*) Forma de polución atmosférica que se parece o se compone de una mezcla de humo (*smoke*) y niebla (*fog*). Aparece sobre todo en las ciudades.

órbita Trayectoria curva que describe un planeta o un objeto al moverse en el espacio alrededor de otro objeto, como un sol o un planeta.

panel solar Parte de un equipamiento que sirve para captar la luz solar y producir agua caliente y electricidad.

presión Fuerza que actúa sobre una zona en concreto.

presión atmosférica Peso que ejerce hacia abajo el aire atmosférico.

pronosticar Intentar determinar qué va a suceder en el futuro. Para pronosticar el tiempo se emplean superordenadores.

radar Sistema que emplea ondas de radio para determinar la posición y el movimiento de los objetos. Puede emplearse para realizar mediciones meteorológicas.

satélite artificial Equipo con dispositivos electrónicos que se envía para que gire alrededor de la Tierra o de otro planeta. Puede emplearse para recopilar datos meteorológicos.

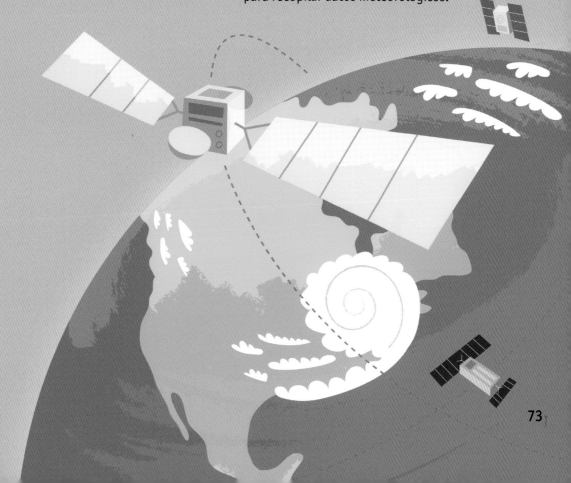

El estudio del tiempo

... en 30 segundos

La meteorología es la ciencia que se encarga del estudio del tiempo; los individuos que trabajan en ella son los «meteorólogos». Aunque el ser humano lleva años estudiando el tiempo, la alta tecnología actual nos permite realizar pronósticos mucho más precisos.

Algunos aspectos meteorológicos se siguen midiendo de forma tradicional, con instrumentos tales como el termómetro, para registrar la temperatura, o el barómetro, que sirve para medir la presión atmosférica. Los anemómetros cuentan con una especie de cazoletas pequeñas que giran con el viento y que sirven para registrar su velocidad, mientras que los pluviómetros se usan para conocer la cantidad de lluvia y nieve.

Los distintos aspectos atmosféricos se controlan con miles de estaciones meteorológicas que se encuentran tanto en tierra como en barcos y en boyas en el mar. Por el cielo vuelan aviones meteorológicos equipados con instrumentos para obtener datos de las nubes y de las condiciones en las partes más elevadas de la atmósfera.

Hoy en día, toda esta información se trabaja en superordenadores, que elaboran pronósticos bastantes precisos. Aunque los pronósticos a corto plazo suelen ser fiables, sigue siendo difícil determinar el tiempo a largo plazo, es decir, más de una semana.

Resumen en 3 segundos

Los científicos emplean muchos instrumentos para el estudio del tiempo.

Misión de 3 minutos Crear un pluviómetro

Necesitarás: • una botella de plástico • unas tijeras • una regla • cinta adhesiva

¡Tú también te puedes dedicar a la meteorología! Corta la botella por la mitad. Dale la vuelta para que actúe como un embudo. Usa la cinta para pegar una regla, que servirá para medir las lluvias. Coloca el pluviómetro en el suelo al exterior. Examínalo y vacíalo a diario y registra el total de lluvias durante una semana.

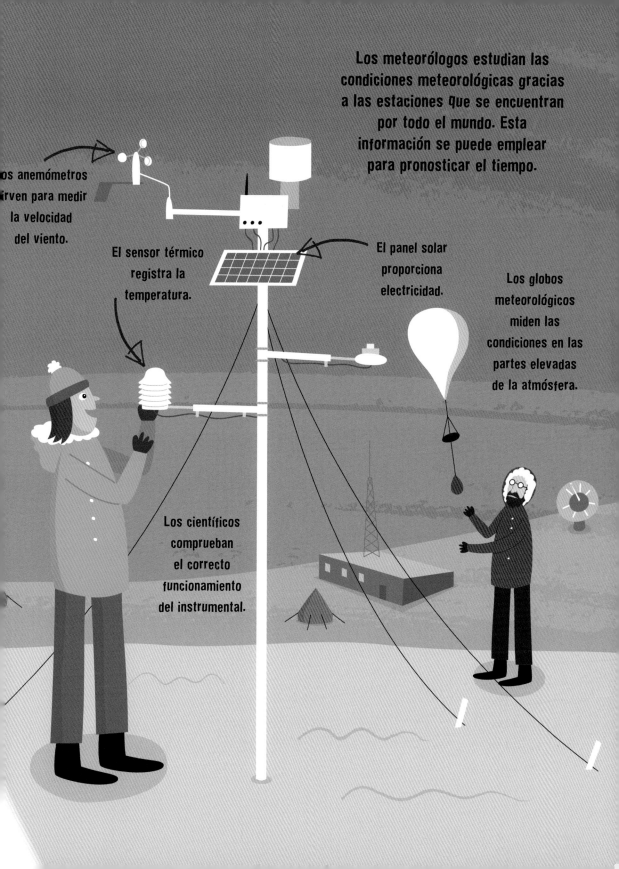

Los meteorólogos estudian las condiciones meteorológicas gracias a las estaciones que se encuentran por todo el mundo. Esta información se puede emplear para pronosticar el tiempo.

Los anemómetros sirven para medir la velocidad del viento.

El sensor térmico registra la temperatura.

El panel solar proporciona electricidad.

Los globos meteorológicos miden las condiciones en las partes elevadas de la atmósfera.

Los científicos comprueban el correcto funcionamiento del instrumental.

Los satélites

... en 30 segundos

Los meteorólogos emplean satélites arrificiales que giran alrededor de la Tierra a gran altitud y con los que recopilan los datos enviados por los observatorios meteorológicos. Además, están provistos de cámaras que pueden fotografiar las nubes y seguir las tormentas y los huracanes. Esto es de gran ayuda para los científicos a la hora de determinar dónde se van a producir tormentas. Algunos satélites tienen cámaras infrarrojas que detectan las temperaturas y la humedad de la atmósfera y el suelo.

Los satélites meteorológicos también detectan la neblina tóxica de las ciudades el humo de los incendios forestales y las cenizas de los volcanes, y siguen el rastro a las corrientes oceánicas.

El primer satélite meteorológico, *TIROS-1*, fue lanzado en cohete al espacio el 1 de abril de 1960. Aunque se diseñó sobre todo para realizar retransmisiones televisivas, también llevaba instrumentos infrarrojos para efectuar mediciones meteorológicas. A lo largo de las décadas siguientes, esta tecnología ha transformado los partes meteorológicos. Se ha logrado que los satélites puedan recopilar datos de todo el planeta, incluso de los lugares más recónditos.

Existen dos tipos principales de satélites meteorológicos. Los satélites geoestacionarios giran alrededor de la Tierra a altitudes de unos 36 000 km. Estos realizan una órbita completa cada 24 horas, a la vez que la rotación de la Tierra. Los satélites de órbita polar tardan entre una y dos horas en realizar su órbita y están a una altitud de unos 850 km.

Resumen en 3 segundos

Los satélites meteorológicos registran las nubes, las tormentas, la temperatura y la humedad.

Misión de 3 minutos
Imágenes por satélite en directo

Selecciona un país de otra parte del mundo. Accede a Internet y busca imágenes de satélites meteorológicos en directo y el nombre del país que hayas seleccionado. Echa un vistazo al clima que muestren. ¿En qué sentido es distinto? ¿Hay algún parecido? ¿Cómo sería tu vida si vivieras en ese clima?

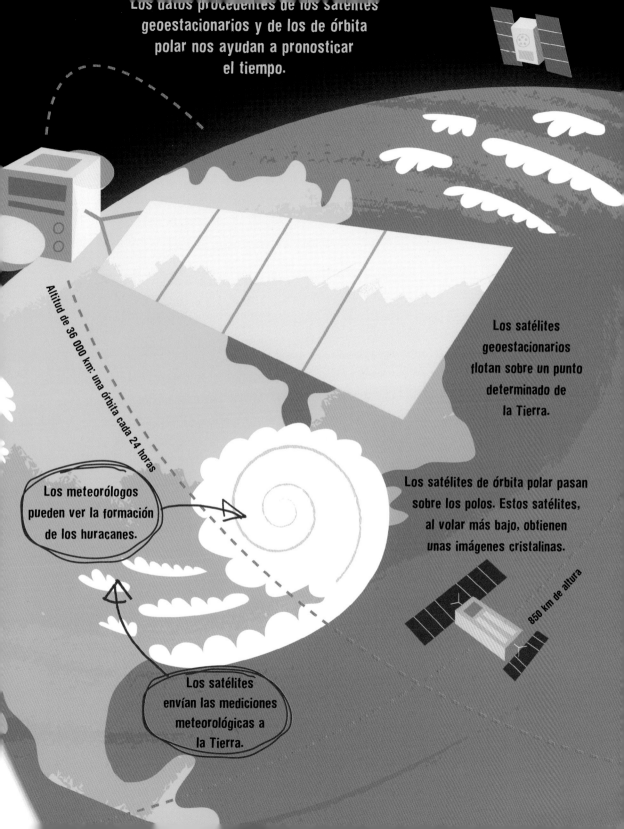

Los datos procedentes de los satélites geoestacionarios y de los de órbita polar nos ayudan a pronosticar el tiempo.

Altitud de 36 000 km: una órbita cada 24 horas

Los satélites geoestacionarios flotan sobre un punto determinado de la Tierra.

Los satélites de órbita polar pasan sobre los polos. Estos satélites, al volar más bajo, obtienen unas imágenes cristalinas.

Los meteorólogos pueden ver la formación de los huracanes.

Los satélites envían las mediciones meteorológicas a la Tierra.

850 km de altura

Pronósticos y mapas meteorológicos
... en 30 segundos

Si has visto el parte meteorológico, sabrás si hará sol o lloverá.

Los partes nos ayudan a planificar el día. Son especialmente útiles para aquellos que trabajan a la intemperie, como agricultores o guardacostas, así como para las compañías aeronavales, ferroviarias o que se dedican al transporte en ferri. Las previsiones nos ayudan a evitar peligros. Si se esperan nevadas, granizadas o inundaciones, los científicos nos advierten para que tomemos precauciones.

Los partes meteorológicos se muestran en los llamados «mapas sinópticos». *Sinóptico* quiere decir «de visión conjunta». Se denomina así porque los mapas se trazan a partir de datos procedentes de muchos lugares a la vez.

Como las variaciones de la presión atmosférica influyen en el tiempo, es uno de los principales elementos que figuran en los mapas meteorológicos. Las isobaras unen las zonas que tienen la misma presión atmosférica. Forman anillos alrededor de las borrascas (zonas de bajas presiones) y los anticiclones (zonas de alta presión), fenómenos que están relacionados con ciertos tipos de tiempo (*véase* pág. 52).

Mediante el empleo de distintos símbolos, en los mapas meteorológicos se muestran los frentes cálidos y fríos, los cuales son franjas de aire cálido o frío que pueden traer nubes o lluvia. Además, en los mapas también se indican la velocidad y la dirección de los vientos. La próxima vez que veas el mapa del tiempo en la televisión ya sabrás qué significa.

Resumen en 3 segundos

Los partes meteorológicos ayudan a la gente a planificarse.

Misión de 3 minutos Pronósticos con piñas

En el pasado, el ser humano empleaba objetos naturales, como las piñas de las coníferas, para pronosticar el tiempo. Cuando el tiempo es seco, las escamas de las piñas se abren. Cuando hay humedad, la absorben y se cierran: indica de que se acercan lluvias. Pruébalo: ¿se puede pronosticar el tiempo con una piña?

Tras recopilarse, los datos relacionados con
el tiempo se envían a los ordenadores, que
elaboran pronósticos que se presentan a modo
de mapas y partes meteorológicos.

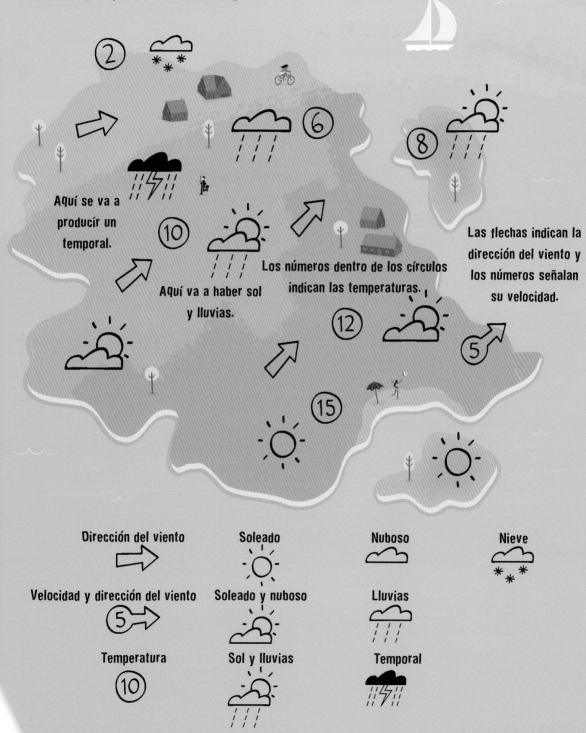

Aquí se va a producir un temporal.

Aquí va a haber sol y lluvias.

Los números dentro de los círculos indican las temperaturas.

Las flechas indican la dirección del viento y los números señalan su velocidad.

Dirección del viento

Velocidad y dirección del viento

Temperatura

Soleado

Soleado y nuboso

Sol y lluvias

Nuboso

Lluvias

Temporal

Nieve

Fenómenos atmosféricos misteriosos

Los fenómenos atmosféricos como los huracanes liberan una energía increíble. En épocas remotas, la gente pensaba que los dioses eran responsables de estos fenómenos. Los romanos creían que Júpiter lanzaba rayos y desencadenaba tormentas. Los habitantes de las regiones secas adoraban a los dioses de la lluvia y realizaban ceremonias para pedir que lloviera.

Hoy en día sabemos mucho más acerca del tiempo, aunque siguen existiendo algunos sucesos extraños de difícil explicación. Entre las manifestaciones más raras y maravillosas se encuentran los *sting jets* («chorros en aguijón»), que son una forma de ciclones intensos. El «aguijón de la cola» del ciclón implica vientos huracanados. Durante las tormentas, de los mástiles de los barcos y de las alas de los aviones a veces se desprende un misterioso resplandor conocido como «fuego de Santelmo», cuyo brillo se debe a las descargas eléctricas.

Hay varios casos a lo largo de la historia según los cuales han llovido peces, ranas, arañas, medusas y gusanos. Según los expertos, estas extrañas lluvias se deben a que los animales han sido transportados por intensas corrientes de aire ascendente, el cual los saca del mar o de la tierra para dejarlos en otros lugares.

Hay otras manifestaciones extrañas, como la nieve naranja o morada, las nubes brillantes o las microrráfagas, que son unas potentes corrientes de aire descendente que pueden barrer a los aviones en vuelo y provocar accidentes fatales.

Resumen en 3 segundos

Ciertos fenómenos atmosféricos extraños siguen siendo un misterio.

Los remolinos de fuego

Se trata de un tornado de fuego, que suele producirse a causa de la cercanía de un tornado y un fuego incontrolado. Este último se integra en la tormenta y da lugar a un feroz torbellino de llamas que arden durante unos minutos. Aunque los remolinos de fuego son poco frecuentes, cuando se producen pueden resultar devastadores debido a la combinación de fuegos voraces e intensos vientos.

Algunos fenómenos extraños, como los *sting jets*, las microrráfagas, las lluvias de ranas o el fuego de Santelmo siguen sin tener explicación.

En los *sting jets* se producen unos feroces vientos giratorios de más de 160 km/h.

Durante las tormentas, de los aviones pueden emanar los resplandores conocidos como «fuego de Santelmo».

Las microrráfagas son súbitas ráfagas de aire descendente.

Lluvia de ranas precipitándose a tierra.

El cambio climático

Hoy en día, en las noticias se habla constantemente del clima y del tiempo. El motivo es que los científicos han descubierto que el clima terrestre se está calentando: es a lo que nos referimos como «calentamiento global». Aunque los cambios climáticos se producen de forma natural, lo hacen muy despacio. En la actualidad, la actividad del ser humano está modificando el equilibrio gaseoso del aire, lo que está acelerando los cambios. En este capítulo analizaremos cómo y por qué está cambiando el clima, así como la forma en la que puede afectarnos.

El cambio climático
Glosario

Antártida Región del mundo que se encuentra alrededor del polo Sur.

Ártico Región del mundo que se encuentra alrededor del polo Norte.

atmósfera Mezcla de gases que rodea a la Tierra.

calentamiento global Aumento de las temperaturas en toda la Tierra a causa del incremento en la atmósfera de ciertos gases, en especial dióxido de carbono. Algunos de ellos se deben a la actividad humana.

combustible fósil Aquel que, como el carbón o el petróleo, se ha formado a lo largo de millones de años a partir de restos de animales o plantas.

eje Línea imaginaria que atraviesa el centro de la Tierra y sobre la que gira el planeta.

emitir Emanar algo, como luz o calor.

energía hidroeléctrica Aquella que se obtiene gracias a la fuerza del agua.

energía solar Aquella que procede de la transformación de los rayos solares en electricidad que puede usar el ser humano.

glaciación Cada uno de los largos períodos de tiempo de hace miles de años en los que la Tierra era más fría y gran parte de su superficie estaba cubierta de hielo.

glaciar Gran masa de hielo formada por la nieve de las montañas, que se desliza muy despacio por un valle.

huracán Tormenta violenta de vientos muy fuertes.

órbita Trayectoria curva que describe un planeta o un objeto al moverse en el espacio alrededor de otro objeto, como un sol o un planeta.

polución Efecto que produce la acumulación de sustancias sucias o perniciosas en la tierra, el agua o el aire y que hace que estos ya no sean seguros o agradables.

vapor de agua Forma gaseosa del agua.

El cambio climático

... en 30 segundos

El clima cambia de forma natural y de manera lenta a lo largo del tiempo. Durante las glaciaciones, las temperaturas fueron bastante más bajas: el hielo cubrió en torno al 30% de la superficie del planeta. Gran parte de Europa, Asia y América del Norte se convirtió en un gélido baldío que quedó enterrado bajo enormes bloques de hielo, los «glaciares».

A lo largo de los últimos 2 millones de años se han producido como mínimo 15 glaciaciones. Las épocas intermedias, más cálidas, se llaman «períodos interglaciares». Sin embargo, el clima se ha estado calentando poco a poco desde la última glaciación, la cual acabó hace 10 000 años.

El cambio climático sucede de forma natural por el hecho de que la Tierra se bambolea sobre su eje al girar alrededor del Sol, a lo que hay que sumar que la inclinación del eje de nuestro planeta también varía un poco. Además, la órbita terrestre tampoco es un círculo perfecto.

Las erupciones volcánicas también pueden influir en el clima. El monte Tambora, situado en Indonesia, entró en erupción con gran violencia en 1815: escupió gases, polvo y rocas a gran altitud de la atmósfera, donde se extendieron y taparon la luz solar. Hubo zonas del planeta que quedaron frías durante muchos meses, lo que provocó que las cosechas se estropeasen y que se produjeran hambrunas.

En cualquier caso, hoy en día, el clima está cambiando más rápido que nunca a causa de la polución atmosférica que provoca el ser humano.

Resumen en 3 segundos

El clima de la Tierra cambia de forma natural, pero muy despacio.

Los animales y el cambio climático

El cambio climático afecta a los animales y a los humanos. La fusión de las capas de hielo de las regiones polares es desastroso para la fauna. Los osos polares necesitan el hielo marino (la capa de agua del mar congelada que hay en la superficie marina) para cazar focas, por lo que cada vez les cuesta más alimentarse y lograr que sus crías sobrevivan. El pingüino emperador, de la Antártida, también precisa el hielo marino para criar a sus polluelos.

En el pasado, los únicos factores que influían en los cambios graduales del clima a lo largo del tiempo eran de índole natural. En el contaminado mundo actual, la velocidad se está incrementando.

Última glaciación: capa de hielo del 30 %

Épocas más recientes: capa de hielo del 10 %

El hielo cubrió grandes extensiones durante la última glaciación.

Cuando se acabó la glaciación, el clima se volvió más cálido y se derritieron muchos glaciares.

Los niveles del mar subieron cuando el hielo derretido llegó al mar.

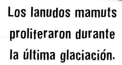

Los lanudos mamuts proliferaron durante la última glaciación.

El calentamiento global

... en 30 segundos

La atmósfera terrestre ayuda a que el ambiente siga siendo cómodo y cálido y pueda florecer la vida. El dióxido de carbono y el vapor de agua que hay en el aire permiten que penetre la luz solar, que calienta el planeta, al igual que evitan que parte del propio calor que emite la superficie terrestre escape al espacio.

Estos gases actúan en cierto modo como los cristales de los invernaderos; de ahí que los llamemos «gases de efecto invernadero», que son los responsables del calentamiento natural conocido como «efecto invernadero». Sin él, la Tierra tendría unos 33 °C menos de los que tiene, lo que haría que la temperatura fuera demasiado fría como para permitir la vida.

En torno a los últimos 150 años, el ser humano ha estado incorporando más gases de efecto invernadero a la atmósfera. En las centrales eléctricas, las fábricas, los automóviles y las viviendas se consumen combustibles fósiles como el carbón y la gasolina, cuya combustión genera dióxido de carbono. La quema y la tala de los bosques también liberan dióxido de carbono, a lo que hay que sumar que la ganadería y el cultivo del arroz producen metano, que es otro gas de efecto invernadero.

Según los científicos, las temperaturas han aumentado 0,6 °C desde 1990, y puede que para cuando llegue el año 2100 hayan subido entre 2 y 5 °C. ¡Las temperaturas solo eran de 4 °C menos durante la última glaciación! Este calentamiento va a tener enormes consecuencias.

Resumen en 3 segundos

La polución atmosférica está haciendo que la Tierra se sobrecaliente.

Misión de 3 minutos
Cómo funcionan los invernaderos

Necesitarás: • 2 termómetros • un frasco de cristal • un cronómetro

Pon los termómetros al sol durante 3 minutos y anota las temperaturas. Después, coloca el frasco sobre uno de los termómetros. Comprueba la temperatura de ambos termómetros cada 10 minutos. ¿Cómo han cambiado las temperaturas dentro del frasco? Este atrapa el calor como el cristal de los invernaderos.

Los vehículos y las fábricas emiten dióxido de carbono, que aumenta la intensidad del efecto invernadero natural y provoca el calentamiento global.

Los aviones liberan dióxido de carbono directamente a la atmósfera.

Los rayos solares calientan la Tierra.

Parte del calor escapa de la Tierra hacia el espacio.

El dióxido de carbono y otros gases de efecto invernadero que hay en la atmósfera atrapan el calor que emite la superficie terrestre.

Los árboles también absorben dióxido de carbono. Cuando estos se talan o arden, también se libera más dióxido de carbono.

Los vehículos y las fábricas emiten dióxido de carbono.

El clima en el futuro

... en 30 segundos

El calentamiento global puede parecer perfecto si se vive en un país frío. Por desgracia, el tiempo va a ser más extremo. Según los expertos, habrá más lluvias intensas, lo que hará que aumenten las inundaciones. Las regiones secas, como África y Australia, podrían secarse más, con lo que los agricultores tendrían aún más dificultades para cultivar. Cuando los mares sean más cálidos, los huracanes azotarán con menos frecuencia, pero con más fuerza.

El calentamiento global está haciendo que las capas de hielo del Ártico y de la Antártida se derritan. Las aguas marinas también se están expandiendo al calentarse, lo que provoca que suba el nivel del mar. En el futuro, las costas bajas podrían verse afectadas por inundaciones. Si los niveles del mar siguen subiendo, podrían desaparecer islas enteras bajo las olas.

Como los niveles del mar están subiendo más rápido que antes, muchos países hoy en día se dedican a construir defensas marítimas para impedir que las ciudades costeras se inunden.

Sin embargo, la única solución es reducir el uso de combustibles fósiles y emplear fuentes de energía alternativas «verdes», que no contaminen. Entre estas se incluyen la energía solar y la hidroeléctrica. También puede ayudar el empleo de trenes y automóviles que funcionen con energías verdes. Estas soluciones ayudarán a que el clima siga equilibrado.

Resumen en 3 segundos

las energía verdes pueden reducir el calentamiento global.

Misión de 3 minutos Aporta tu granito de arena

Con solo tres minutos, puedes reducir la cantidad de dióxido de carbono que tu familia produce en casa:
• Baja 1 °C el termostato de la calefacción central.
• Apaga las luces de las habitaciones en las que no haya nadie.
• Apaga los ordenadores, televisores y demás dispositivos que estén en modo de espera (*stand-by*). Si todas las familias ponen un poco de su parte, entre todos podremos mejorar la situación.

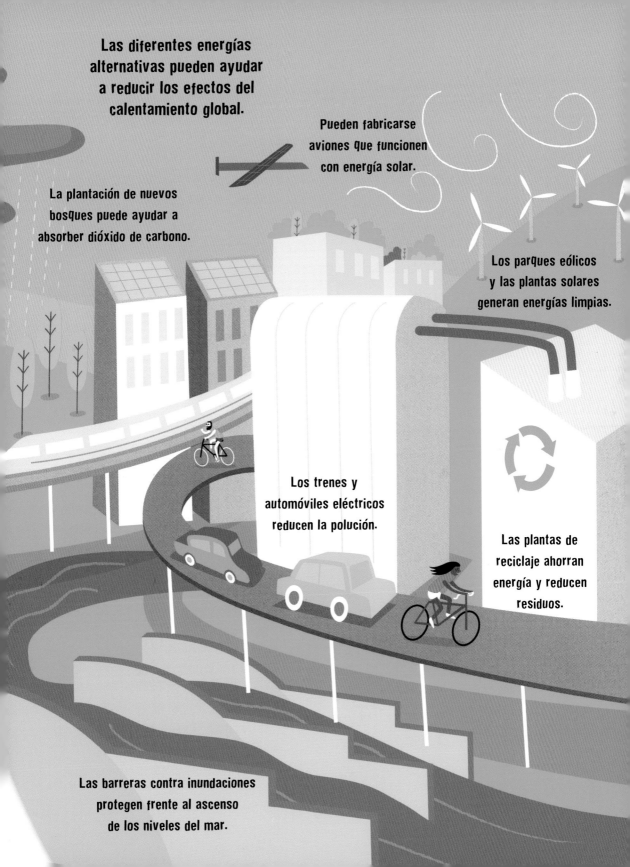

Las diferentes energías
alternativas pueden ayudar
a reducir los efectos del
calentamiento global.

Pueden fabricarse
aviones que funcionen
con energía solar.

La plantación de nuevos
bosques puede ayudar a
absorber dióxido de carbono.

Los parques eólicos
y las plantas solares
generan energías limpias.

Los trenes y
automóviles eléctricos
reducen la polución.

Las plantas de
reciclaje ahorran
energía y reducen
residuos.

Las barreras contra inundaciones
protegen frente al ascenso
de los niveles del mar.

Descubre más

LIBROS DE DIVULGACIÓN

Claybourne, Anna, *50 Things You Should Know About: Wild Weather*, QED Publishing, 2015.

Coleman, Miriam, *Using the Weather to Learn About Earth*, Powerkids Press, 2015.

Furgang, Kathy, *National Geographic Kids: Everything Weather*, National Geographic, 2012.

Green, Jen, *Weather Patterns – Geography Detective Investigates*, Wayland, 2009.

Kostigen, Thomas M., *National Geographic Kids: Extreme Weather*, National Geographic, 2014.

Snedeker Med, Joe, *The Everything KIDS' Weather Book*, Adams Media Corporation, 2012.

Squire, Ann, *Extreme Weather*, C. Press/Franklin Watts Trade, 2014.

Woodward, John, *Weather Watcher (Eyewitness Activities)*, DK Children, 2015.

DVD (adecuados para todas las edades)

DK Eyewitness Weather, Dorling Kindersley, 2006.

Earth – the Power of the Planet, introduced, Iain Stewart, Complete BBC Series, 2007.

Extreme Weather, Ann Squire, C. Press/Franklin Watts Trade, 2014.

Show Me Science – How Weather Happens, Allegro Productions, 2012.

Wild Weather, introduced, Donal McIntyre, Complete BBC Series, 2002 .

SITIOS WEB

Biomas del mundo
http://kids.nceas.ucsb.edu/biomes

Calentamiento global
http://www.epa.gov/climatestudents

El tiempo y el clima
https://sites.google.com/site/climatetypes/home

Fenómenos atmosféricos extremos, incluidos los huracanes
http://www.sciencekids.co.nz/sciencefacts/weather/hurricane.html

Geography4kids
http://www.geography4kids.com/files/climate_intro.html

Met Office (servicio meteorológico británico)
http://www.metoffice.gov.uk/learning/weather-for-kids

NASA (web gubernamental de Estados Unidos)
http://climatekids.nasa.gov

Aunque el editor ha puesto todo su empeño en asegurarse de que el contenido de estos sitios web sea material educativo de la más alta calidad y resulte apropiado para la edad que indica, recomendamos que un adulto responsable supervise el acceso a Internet.

Soluciones

Respuestas a la pregunta de la página 28

Oso polar: bioma polar

Jaguar: bosque pluvial

Cebra: sabana

Camello: desierto

Índice

Índice